T0329256

ábrete
a lo inesperado

ábrete
a lo inesperado

DEJA QUE LO DIVINO TE GUÍE

TOSHA SILVER

Traducción de
María Orvañanos Landerreche

ATRIA ESPAÑOL
Nueva York Londres Toronto Sídney Nueva Delhi

ATRIA ESPAÑOL

Un sello de Simon & Schuster, Inc.
1230 Avenida de las Américas
Nueva York, NY 10020

Primera edición en rústica de Atria Español, julio 2016

ATRIA ESPAÑOL es un sello editorial registrado de Simon & Schuster, Inc.

Para obtener información respecto a descuentos especiales en ventas al por mayor, diríjase a Simon & Schuster Special Sales al 1-866-506-1949 o escriba al siguiente correo electrónico: business@simonandschuster.com.

La Oficina de Oradores (Speakers Bureau) de Simon & Schuster puede presentar autores en cualquiera de sus eventos en vivo. Para obtener más información o para hacer una reservación para un evento, llame al Speakers Bureau de Simon & Schuster, 1-866-248-3049, o visite nuestra página web en www.simonspeakers.com.

Impreso en los Estados Unidos de América

10 9 8 7 6 5 4 3 2 1

Datos de catalogación de la Biblioteca del Congreso

Names: Silver, Tosha, author.
Title: Ábrete a lo inesperado: deja que lo Divino te guíe / Tosha Silver; traducción de Maria Orvañanos Landerreche.
Other titles: Outrageous openness. Spanish
Description: New York : Atria Books, 2016.
Identifiers: LCCN 2016005871 (print) | LCCN 2016006192 (ebook)
Subjects: LCSH: Spiritual life. | Spiritual life—New Age movement. | Consciousness. | Metaphysics. | BISAC: BODY, MIND & SPIRIT / Inspiration & Personal Growth. | BODY, MIND & SPIRIT / Divination / General. | BODY, MIND & SPIRIT / Angels & Spirit Guides.
Classification: LCC BL624.S533313618 2016 (print) | LCC BL624 (ebook) | DDC 204—dc23
LC record available at http://lccn.loc.gov/2016005871

ISBN 978-1-5011-2021-3
ISBN 978-1-5011-2022-0 (ebook)

Dedicado a Mamá y a Papá

ÍNDICE

PREFACIO

Se ha dicho que la serendipia es la forma que tiene Dios de permanecer anónimo. Es muy cierto. Definitivamente lo divino tuvo algo que ver cuando conocí a Tosha Silver y descubrí cómo dejar que mi relación con Dios realmente floreciera. Tuve la suerte de que mi hija me diera como regalo una de sus últimas lecturas astrológicas. Poco después, Tosha me mandó una copia de *Ábrete a lo inesperado*. Ése fue el comienzo de mi renovada aventura amorosa con el Espíritu. No sólo leí el libro en un solo día, encontrando alegría y alivio al leerlo, sino que también comencé a usarlo como oráculo. Ahora lo guardo junto a mi cama y lo abro al azar cuando estoy buscando inspiración para enfrentar alguna situación particular. Este libro mágico y singular me permitió lograr una conexión con mi corazón espiritual más profunda de lo que jamás había conocido.

Dada nuestra extraña cultura, en la que se nos enseña a ser esclavos de rituales dogmáticos, el enfoque de Tosha es una bocanada de aire fresco e irreverente. Se describe a sí misma como plutónica, una devota de la diosa hindú Kali, conocida por su habilidad para ir al grano, dejando de lado al ego y sus tonterías. Este enfoque me parece atinado, vivificante e incluso ¡divertidísimo! Esta chica, una yoguini tatuada con onda, estudió filología inglesa en Yale. ¡Sabe cómo escribir prosa y poesía que conmueven el alma!

No sólo absorbí la versión escrita y el audio del libro como una planta a la que finalmente riegan, sino que también me uní a la comunidad de Tosha Silver en Facebook, donde me empapo día a día de su sabiduría. Aprendí a ofrecer mi vida, mis dolores, mis problemas y dilemas a lo que Tosha llama "Lo Amado divino". Esta forma de relacionarse con Dios, inspirada en las enseñanzas de poetas sufíes como Rumi, se ve reflejada en el mensaje de Tosha de que una relación íntima y amorosa con lo Divino es posible para todos.

Mi propia relación con el Orden Divino comenzó una mañana allá en los años ochenta. Estaba leyendo *El juego de la vida y cómo jugarlo*, de Florence Scovel Shinn. De acuerdo con las instrucciones, me paré junto a mi cama y dije en voz alta: "Espíritu infinito, mándame una señal. Muéstrame cómo debo usar ahora mis dones y talentos de la mejor manera". Esa tarde recibí una llamada inesperada de una agente a quien había conocido varios años antes: "¡Es el momento perfecto para que escribas un libro!"

Ésta fue mi primera experiencia directa con la verdad de la Orientación Divina, la cual está articulada de una manera bellísima en el libro que tienes en tus manos.

Como la mayor parte de las personas, me doy cuenta de que necesito que me recuerden del Orden Divino una y otra vez. Porque lo olvidamos. El ego realmente piensa que está al mando. Le parece ridículo pasarle nuestros problemas a un poder superior. Nuestra cultura valora el trabajo duro y el control, pero no valora el dejar ir y el seguir a un poder superior. Después de todo, hay muy pocos estudios científicos que comprueben que ofrecerle tus problemas a lo Divino puede causar milagros. Sin embargo, ésta es mi experiencia, y la de miles que han acogido esta forma de ser.

Como lo muestra Tosha en sus historias maravillosamente alocadas y entretenidas, el Orden Divino no supone que todos nuestros deseos sean satisfechos instantáneamente y que nos vayamos volando en una alfombra mágica. Tampoco se trata de que uno se vuelva pasivo o descolorido, y que deje de lado todo lo que le importa. En lugar de esto, cada uno de nosotros se alinea con los impulsos creativos espontáneos del Universo de una forma única y singular.

En mi caso, cuando recibí la llamada inspiradora de la agente, tenía mucho trabajo cuidando pacientes al mismo tiempo que criaba a mis dos pequeñas niñas. No tenía idea de cómo escribir un libro. ¿Cómo se suponía que debía HACER eso, dejando de lado el hecho de encontrar el tiempo para lograrlo? Sin embargo, las ideas que llevaron a mi primer libro estaban saturadas de un Destino divino. Sabía que había sido elegida para hacer este trabajo. Sobre la marcha hubo retos importantes. Había descubierto información esencial para las mujeres que no me habían enseñado en la escuela de medicina ni durante la residencia. Me di cuenta de que tenía que crear un nuevo lenguaje positivo que se enfocara en la salud de la mujer, no en sus enfermedades. A pesar de que yo estaba comprometida con mi proyecto, en ese momento casi nadie entendía sobre qué estaba escribiendo. No tuve apoyo ni de doctores ni de editores. Entre todos los rechazos, sólo una persona, Leslie Meredith, que entonces trabajaba en Bantam Books, entendió mi contribución. Ella me acompañó en cada momento de la escritura de mi manuscrito, como una hábil y experta partera, y creyó en él. Cinco años después se publicó *Cuerpo de mujer, sabiduría de mujer*. De un momento a otro mi libro se convirtió en un bestseller en ambas ediciones y fue traducido a dieciocho idiomas. Todavía recibo cartas de mujeres de todo el mundo a quienes les cambió la vida el mensaje de mi libro.

Y todo esto comenzó con el simple acto de darme como ofrenda a mí misma y pedirle orientación a lo Divino.

Saber que mi libro era parte del Flujo divino me ayudó a mantener mi fe y a no perder mi rumbo. Invitar a Dios a formar parte de nuestras vidas es siempre una experiencia mágica, y pueden aparecer señales sorprendentes cuando uno menos las espera. Por ello, qué supuesta coincidencia que Leslie Meredith sea ahora parte de Atria Books, donde el libro de Tosha ha sido considerado como la joya que es, y el hecho de que ella también haya tenido que atravesar un camino difícil para llegar hasta aquí.

Con la ayuda de las sorprendentemente efectivas Oraciones de Cambio de Tosha, he aprendido a realmente "dejar que lo Divino guíe" mi propia vida. No podía esperar para compartir *Ábrete a lo inesperado* con mi comunidad y la invité a *Flourish!* (¡Florece!) mi programa de radio en Hay House. Después de muchos años de trabajar como doctora, puedo decir con honestidad que este mensaje es la única medicina que todos requerimos. Todos necesitamos una prescripción de este bálsamo universal, que tiene el poder de sanar nuestras heridas, darles sentido y liberarnos de lo que ya no nos sirve.

Siempre tengo una reserva de ejemplares de *Ábrete a lo inesperado* para prescribir a aquellos que están listos para leerlo. El alivio que produce es realmente extraordinario. Las historias de Tosha son actuales, llenas de humor, irreverentes y cambian tu vida. Las puedes aplicar si estás en una crisis médica o en un drama amoroso. Su consejo de que "la solución perfecta para cualquier problema ya ha sido elegida y serás guiado a ella en el momento y de la forma correcta" me ha ayudado a mí y a miles más a metabolizar más hormonas de estrés que cualquier otra medicina que haya prescrito. Simplemente relájate, ofrece a lo Divino el desafío que estás enfrentando y espera... a que una versión más evolucionada de tu propio ser te dé un empujoncito, no a un moralista señor de pelo blanco y barba que, sentado en una nube, está esperando el momento de castigarnos. Los pasos que debes dar se te irán mostrando.

Sí, existen muchos otros libros útiles de consejo espiritual. También, por supuesto, están TODOS los libros sobre "manifestarse". Créeme, los he leído. He hecho una lista de mis metas cada cumpleaños durante más de 30 años. He realizado incontables tableros de visión y recitado innumerables afirmaciones. Y, sin embargo... sin embargo... a pesar de todos mis esfuerzos, algunas metas me han eludido. Al leer *Ábrete a lo inesperado* y al aprender a alinearme con lo Divino, me he dado cuenta de que el Orden Divino tiene para mí un plan más importante que lo que mi limitada visión me permite ver. Ahora confío en que lo que es mío llegará siempre a mí. Quemé con alegría todos mis tableros de visión. ¿Me funcionaron en el pasado? Sí, pero es más importante pasarle esos deseos a una Sabiduría que es mucho más grande que lo que el intelecto puede imaginar.

Las historias de Tosha Silver son reales; en algunos casos conmovedoras o cómicas, pero nunca moralizantes. Éste no es un árido tomo espiritual. Es un libro sustancioso y sincero, ricamente entretejido con fértiles historias de la antigua carrera de Tosha como astróloga y curandera, que duró treinta años. Aquí no vas a encontrar nada moralizador. Justo lo contrario. Ella comparte de manera generosa lo que ha coleccionado y creado a lo largo de los años: técnicas sencillas y verdaderamente profundas que te ayudarán a recordar quién eres REALMENTE. Esta chica sí sabe cómo dejarse de tonterías, pero también es una cronista compasiva de las debilidades humanas. Si te sientes descentrado, *Ábrete a lo inesperado* puede ser un regalo del cielo, un amigo que te guiará de nuevo hacia el centro del camino. Tosha comparte conocimientos prácticos e inteligentes para ayudarnos a recordar, y a alinearnos con, nuestra naturaleza superior, sin dejar de sonreír afectuosamente o de reírnos a carcajadas de este mundo loco en el que vivimos. Sumérgete en este libro y podrás escoger una relación divertida e íntima con tu propia forma de Dios.

Te invito a leer este encantador libro. No sólo una vez. No sólo dos, sino muchas veces. Deja que su mensaje te llegue hasta los huesos. Suavízate. Relájate. Ábrete inesperadamente a que lo Divino Amado te guíe. Entrégate a los brazos de Dios en la forma que te resulte atractiva, y prepárate para descubrir que tu vida florece y crece de maneras que de ninguna forma habrías podido orquestar solo. Permanece atento a las señales. Están por todos lados. Están diseñadas para deleitar tu Alma e iluminar tu vida de formas que nunca imaginaste.

DOCTORA CHRISTIANE NORTHRUP

ábrete
a lo inesperado

INTRODUCCIÓN

Las historias que aparecen en este libro han sido adaptadas a partir de dos años de escribir como la sf Spiritual Examiner (Investigadora espiritual de San Francisco) en examiner.com. Debido a mi larga historia como astróloga, en un principio pensé que las columnas podrían ser sobre cómo navegar de la mejor manera en los ciclos planetarios actuales y futuros; pero al pasar el tiempo me di cuenta de que lo que más disfrutaba era hablar de cómo alinearnos con lo Divino, independientemente de las infinitas fluctuaciones de la vida.

Estoy por completo segura de que existe una Fuerza de Amor que puede guiarnos, ayudarnos e interactuar con cada uno de nosotros de la forma más íntima y práctica sin importar en qué condiciones.

Si tan sólo supiéramos cómo dejarla entrar.

Este libro nació gracias a mi imperiosa pasión por dejar entrar a esta Fuerza a mi vida y bailar con ella.

Cuando comencé a escribir la columna del *Examiner* en 2009, ya había pasado veinticinco años realizando aproximadamente treinta mil lecturas astrológicas a gente de todas partes del mundo. Aunque cada situación era única, las preguntas en la gran mayoría de los corazones eran similares. "¿Cómo hago para no preocuparme?", "¿Cómo puedo saber que todo estará bien?", "¿Cómo puedo sentirme seguro?"; y frecuentemente, "¿Por qué me siento tan solo?" o "¿Quién soy en realidad?" Aunque existen formas de leer la carta astral o el tarot para predecir ciclos de relativa tranquilidad o de cambios y desafíos, sentía que la información particular *en sí misma* no podía ni siquiera comenzar a abordar las necesidades y deseos más profundos y verdaderos de las personas.

Así comencé a entretejer durante las sesiones lo que ha transformado mi propia vida, los principios de *El Orden y la Fuente Divinos* cosechados de la lectura de Florence Scovel Shinn, una escritora de los años cuarenta. El Orden Divino dice que la solución perfecta para cualquier problema ya ha sido elegida si tú permites ser guiado a ella; la Fuente Divina nos dice que existe una Abundancia Universal natural que sabe cómo satisfacer cada necesidad. Armonizar con esta Fuerza del Amor —llamémosla Shakti, Dios, Diosa, Una Mente, lo que tú quieras— es la llave mágica para lograr cualquier cosa.

Siempre y cuando mantengas un estado de apertura radical, aceptación y atención.

Algunos de mis clientes más antiguos eran en realidad personas con años de práctica espiritual de uno u otro tipo; sin embargo, comúnmente se sentían llenos de confusión, miedo o preocupaciones. Incluso meditando, cantando o practicando yoga, no siempre contaban con herramientas prácticas para alinearse día a día con lo Divino.

Otros habían crecido educados en religiones doctrinarias que los habían dejado alienados espiritualmente o eran cínicos declarados en relación con todo este maldito tema. Sin embargo, me di cuenta de que a veces incluso la persona más irónica o más escéptica podía utilizar las técnicas que presento en este libro y se convertían en testigos de inesperados milagros en las áreas aparentemente más terrenales de la vida.

Cualquiera puede aprender a moverse usando estos Principios divinos. Con el tiempo, se desvanece el impulso individual del ego de "hacer las cosas correctamente", y es reemplazado por una apertura relajada y confiada a respuestas que aparecen de forma espontánea. Estas herramientas son verdaderamente accesibles a todo el mundo y se fortalecen con la práctica. Las sincronías y la magia se despliegan con más y más frecuencia, fortaleciendo la confianza innata de cada uno en el proceso.

Uno sólo tiene que estar dispuesto
a abrirse
a lo inesperado.

CAPÍTULO 1
Ve el mundo como te ves a ti

¿Eres tú mi madre?

No bebas a la orilla del agua,
lánzate a ella.
Vuélvete el agua.
Sólo así saciarás tu sed.

JEANNETTE BERSON

Hace años quedé fascinada por un libro encantador llamado *¿Eres tú mi madre?*, la historia de un pajarito bebé que recorre el mundo buscando su hogar. Yo no formaba precisamente parte del público meta, el de los bebés de preescolar. Sin embargo, como vivía a merced de una mente que metaforizaba continuamente, para mí el libro tenía un atractivo especial. Como amante de lo Divino Femenino, para mí era una historia de la Diosa que se vislumbra por todos lados. Ya sea Guadalupe, Durga, Lakshmi, Quan Yin, o lo que en India se conoce reverentemente como la Shakti, no puedo más que amar a la Madre.

Pensaba en cómo la mayoría de nosotros corremos de un lugar a otro buscándola, quizá inconscientemente, por todos lados. Exploramos sin descanso el mundo diciendo: "¿Es *éste* mi destino? ¿Puedo ya liberarme del peso que cargo? ¿Estoy a salvo? ¿Puedo finalmente dejar ir?"

Sin embargo, una parte de nosotros sabe que ninguna persona o lugar en esta galaxia de impermanencia nos puede brindar ese refugio. Todo va y viene, incluso lo que se siente más cercano y familiar. Finalmente, todo regresa a fundirse en el océano de la existencia, como las iridiscentes y coloridas arenas de los mandalas.

En medio de esta interminable fantasmagoría de cambio, es posible aprender a apoyarse en lo Divino así como lo haríamos en una balsa en altamar. Todo emana del Uno, todo regresa al Uno. En lugar de aferrarse a cada ilusión individual de seguridad, la mente es capaz de aprender a encontrar lo Divino Femenino y la protección que Ella puede brindarnos en cada situación.

Es tentador tratar de convertir un trabajo, una forma de vida o una relación particular en nuestra salvación. En ese momento nos convertimos rápidamente en esclavos de aquello a lo que más nos aferramos.

Sin embargo, cuando haces que lo Divino sea tu Fuente, puedes moverte en la vida con tranquilidad y ligereza, con la mano extendida. Permites que sea lo que sea que desee llegar, llegue, y que todo lo que desea irse, se vaya.

Cada ganancia y cada pérdida tienen una extraña forma de providencia. Así, cualquier cosa y cualquier persona pueden realmente convertirse… en tu Madre.

¿Y si Dios fuéramos todos nosotros?

¿Y si Dios fuera uno de nosotros,
simplemente un extraño en el autobús?

JOAN OSBORNE

Hay postales de Dios esparcidas
por las banquetas.

WALT WHITMAN

Hace tiempo me contactó una de esas compañías de internet que mandan mensajes espirituales todos los días. Ya sabes. Cada día recibes un texto breve que habla sobre paz, alegría o meditación. Estaban buscando nuevos escritores y de alguna forma dieron conmigo.

La editora me pidió que le mandara algunas muestras de textos y se los mandé con gusto. Al poco tiempo recibí una llamada algo agitada.

"Disculpe pero, ¿qué son todas estas historias?", me preguntó una mujer con voz tensa. "Lo que queremos son verdades universales concisas con las que la gente pueda identificarse. Nuestra organización es sobre Dios, no trata sobre todos estos detalles superfluos. Si quiere usted escribir para nosotros, deje fuera las historias personales".

Pero no pude. Desde que era niña me he sentido fascinada por historias sobre lo Divino en la vida "normal". Solía coleccionarlas obsesivamente como algunas personas coleccionan vinos exóticos o muñecas Barbie. Cualquier historia que hablara de algún milagro o de alguna misteriosa sincronía me cautivaba. Al paso del tiempo, lo Divino y lo mundano se habían entrelazado en mi mente. Eran uno y lo mismo.

Así pues, respondí: "Bueno, ¿y si Dios *es* la historia? ¿Y si lo Divino está constantemente encendiendo bengalas para llamar nuestra atención? ¿Y si realmente hay un Principio Organizador Supremo con un pícaro e incontrolable sentido del humor? ¿Y si cada uno de nosotros tuviera un ferviente pretendiente interior que nos escribe cartas de amor cada día, cartas que comúnmente no abrimos?"

Dijo que tenía que colgar.

Quizá fue mejor así. Algunos grupos espirituales creen que en la medida en que vamos evolucionado, todos los detalles de nuestra individualidad se van puliendo hasta alcanzar una blanca e higiénica homogeneidad. Toda singularidad es descalificada como ego. Esto es evidente cuando los miembros imitan una idea de cómo ser espiritual: eliminan o castigan el estilo personal, el lenguaje, y los manierismos. Aparece entonces una preocupante figura conformista y sumisa, de talla única, que repite sin comprender una jerga que no parece pertenecerle.

¿Cuál es el otro camino? Bueno, quizá sea la estridente celebración de la diversidad de Dios, como con la naturaleza. La manera en que un frondoso prado de flores silvestres brota cada primavera, cada flor diferente, deslumbrante y llena de color.

Sólo echa un vistazo a los santos y místicos a lo largo de la historia: excéntricos y únicos como ningún otro, todos ellos. Sin interés alguno en seguir convenciones o reglas espirituales, lo que les apasionaba era conocer la inquebrantable verdad de sus propias almas.

Muchos de los que creen en Jesús admiten que era un agitador de muchedumbres sin pelos en la lengua a quien muy probablemente no se le permitiría entrar a la mayoría de las iglesias modernas. El santo hindú Zipruanna vivía en una pila de basura, mientras que Lalleshwari, la mística, vagabundeaba por las calles de Calcuta medio desnuda y enloquecida por el Amor Divino. La diosa budista Tara nació cuando unos monjes le dijeron a una aguerrida princesa que no podía convertirse en iluminada por ser mujer. Les comprobó su total equivocación y se volvió una Bodhisattva para toda la eternidad.

¿Y si la expresión más elevada de lo Divino personal eres Tú, precisamente Tú como eres en este preciso instante, en todo tu completo, auténtico y herido esplendor?

Sólo me lo preguntaba.

Ve el mundo como te ves a ti

> *Toda separación, todo tipo de distanciamiento y alienación es falsa. Todo es Uno; ésta es la solución definitiva para todo conflicto.*
>
> NISARGADATTA MAHARAJ

Ver el mundo como te ves a ti es una manera de salir del egocentrismo excesivo, o de lo que los budistas llaman "auto-atesoramiento". Aprendí esto de la forma más extraña, a través de mi aracnofobia, de la cual he sufrido toda mi vida. Debería llamarlo "mi terror a las arañas que mengua de manera lenta pero segura".

Desde que tengo memoria, estos insectos me han paralizado. Si son más grandes que un centavo, olvídalo: salgo corriendo del cuarto, gritando como una niña de seis años. No sé cuántas veces le he rogado frenéticamente a una amiga o a mi pareja para que vengan a sacarla. Al menos algo en mí sabía que no debía matarlas.

Una psíquica alguna vez me sugirió que en mi vida anterior había muerto dentro de un contenedor lleno de arañas, algo como en una película de Indiana Jones. Encantadora imagen. Y la verdad, ¿quién sabe?

Hace algunos años asistí en India a una ceremonia especial del fuego, para la diosa de la belleza y la riqueza, Lakshmi. De pronto, me di cuenta de que una araña del tamaño de una ciruela caminaba sobre mi mano. Al verla, me asusté y con la mano me la quité de encima bruscamente.

Uno de los sacerdotes hindúes casi me da una bofetada. "¿Qué estás haciendo?", gritó. "La misma Mahalakshmi te estaba dando su *dárshana*, su bendición personal. ¿Estás *loca*?" Entonces, volteando hacia otro monje, le murmuró, "Te *dije* que no debemos nunca dejar que los estúpidos estadounidenses vengan a estas cosas".

Esto me dejó pensando.

Heme aquí proyectando todo mi miedo en esta inocente criatura, y he aquí que Ella, la diosa, venía a bendecirme.

¿Y si *Ella* fuera una parte repudiada de *Mí*?

Recé intensamente para ser curada de mi miedo.

Una noche estaba ya en la cama lista para apagar la luz, cuando vi en la pared una araña del tamaño de una pelota de golf.

Terror, sudor, taquicardia.

Pero entonces pensé: "¿Y por qué no sólo *hablo* con ella?"

"Mira", comencé vacilante, "me da mucho gusto que me hayas venido a visitar, incluso que hayas llegado hasta mi cuarto". Respiré profundamente, intentando calmarme. "Por eso, déjame prometerte desde ahora, en caso de que estés preocupada por ello, que *no* te voy a hacer daño. Finalmente ya sé quién eres". La miré con todo el cariño que pude reunir para algo que había sido el objeto de mis pesadillas durante toda mi vida.

Proseguí: "Pero déjame serte honesta. La verdad, me asustas mucho. Y, sabes, en este momento la verdad me pregunto si quizá tú también estás un poco asustada". Este pensamiento me tranquilizó considerablemente.

Respiré de nuevo. "Así que te propongo algo, mi adorable Diosa. La recámara es grande. Quédate tú con el techo, yo me quedo con la cama. Sólo no te muevas de ahí, mi querido Amor de ocho patas, y pasaremos una estupenda noche".

Quizá fue casualidad, quizá no; pero en el instante mismo en que terminé de hablar, la araña comenzó a escalar la pared y se metió a una oscura esquina del techo. Plegó sus patas y se volvió una sombra nebulosa que yo casi no podía ver.

Le deseé una buena noche y me quedé tranquilamente dormida.

A la mañana siguiente ya no estaba.

Más tarde ese día recibí un correo de mi amiga Erin. Justamente, sólo porque le dio la gana, me mandaba un artículo que acababa de escribir sobre... aracnofobia.

Decía que provenía de un miedo al poder de uno mismo.

O sea, en serio.

¿Existe algo más allá afuera aparte de nuestro propio Ser?

La reencarnación, el amor y Jesús

Existe un beso que deseamos con todo
nuestro ser, el toque del definitiva sobre
el cuerpo.

RUMI

Para mí, la idea de las vidas pasadas siempre ha tenido un sentido práctico. ¿De qué otra manera podemos explicar por qué una persona o un lugar nos son abrumadoramente familiares desde el comienzo? ¿O de qué forma pueden surgir talentos fenomenales sin ningún entrenamiento? ¿Cómo pudo Mozart componer sonatas a los siete años o una pequeña niña en Londres cantar arias casi sin entrenamiento? O ¿cómo una neoyorquina pudo "sentir" por dónde caminar en París desde el primer día sin un mapa?

Alguna vez le hice una lectura a una mujer japonesa a quien desde pequeña le apasionaba el tango. De niña había vivido a las afueras de Kioto, en donde había encontrado un disco que la salvó de la locura. A los veinte años se mudó a

Argentina para estudiar, y para después recorrer el mundo como bailarina y maestra. Recuerdo que decía: "Mi alma latina ardiente y apasionada nació en el frío y húmedo Japón". Todo lo cual explica mi pasión por Jesús.

Heme aquí, miembro de una buena y honorable familia judía, repleta de rabinos (tres tíos y tres primos), pero yo siempre he sentido un ardiente y perdurable amor por Él. Eso sí, yo nunca he querido convertirme al cristianismo ni, para el caso, a ninguna otra religión.

Simplemente Lo amaba.

Hace muchos años vi *Agnes de Dios* en un cine en Greenwich Village. En una escena extraordinaria que quedó grabada en mi psique, Meg Tilly acaba de tomar sus votos de novicia, está acostada en el piso del convento entonando en estado de éxtasis: "*Soy la novia de Cristo, soy la novia de Cristo*". Todavía veo su redonda cabeza rapada, su brillante anillo dorado y su hábito negro. Y fue entonces que me di cuenta de que estaba temblando y llorando incontrolablemente, inundada de recuerdos. ¿De qué otra forma se puede explicar esto más que suponiendo que fui monja en alguna de mis vidas pasadas?

Crecí yendo a la escuela hebrea tres veces a la semana e incluso hice el Bat Mitzvah; sin embargo, heme ahí a media película desgarrada sintiendo un amor por Jesús que me atravesaba como un ciclón. Estaba llorando tanto que la señora de al lado me lanzó una desagradable mirada y se cambió de fila.

Así que cada Navidad decoro un pequeño árbol plateado que pongo en mi sala, con escarcha, esferas y luces centellantes. Esto habría causado gran *shandah*, o escándalo, en mi infancia. Y cada Viernes Santo paso horas sentada en la Catedral de la Gracia en San Francisco. Cuando este día santo coincide con la Pascua Judía, después me voy caminando hasta David's Deli para tomar bolas de matzá de pollo.

Pero mi corazón está en esa cruz.

Sin embargo, también está con Buda, con Shiva, Ganesh, Kali, Shekhinah y con cualquier otra forma resplandeciente y brillante, fascinante, hipnotizante e intoxicante del Amor Divino al que me siento atraída cada día como una polilla a una llama.

Así es que les doy besos a las pequeñas figuras de mi altar y baño sus pequeños pies en agua de rosas. Les hago pequeños collares de amatistas y perlas. Les doy almendras, naranjas y, a veces, comida china de Sichuán.

Cuando se trata de Dios, soy por completo y locamente poliamorosa.

Y siendo sincera, no creo que a Jesús le importe.

En lo más mínimo.

CAPÍTULO 2
De compras con Dios

Intentando funcionar (sin Dios)

Aprender a entregarse a una deidad muy sofisticada ha sido la lección más importante de mi vida.

SHIRLEY MACLAINE

Deja tu inhibición, sigue tu intuición, libera tu alma interior y rompe la tradición.

BLACK EYED PEAS,
LET'S GET IT STARTED

Cuando estaba en tercero de secundaria, mis amigos y yo teníamos un juego que jugamos durante varios meses. Sin importar qué decía una persona, siempre le añadíamos "en el sexo" al final de la frase. Por ejemplo: "A ella le encanta la pizza de anchoas (en el sexo)". O: "A él siempre se le olvida hacer la tarea de matemáticas (en el sexo)". Por alguna razón, esto siempre nos hacía reír como locos.

Pero claro, teníamos catorce años.

Ahora me descubro jugando una nueva versión de ese juego. ¿Te has dado cuenta cómo algunas personas siempre apuran a desalentar cualquier meta? ¿O al menos te hacen ver qué tan inútil, agotador o caro será tu intento incluso de que *comiences*?

Por ello, en mi versión actualizada del juego siempre tomo sus palabras y agrego "sin Dios".

Así como: "Es imposible encontrar el trabajo adecuado con esta economía (sin Dios)". O: "Jamás vas a encontrar un lugar en este estacionamiento (sin Dios)".

Sobra decir lo bien que esto funciona.

❧

Un día de casualidad encendí la radio pública NPR durante una entrevista alucinante a un "experto en eficiencia". Había escrito un libro sobre la procrastinación, en el cual proponía cuarenta y cuatro "pasos críticos" a seguir dentro de su plan llamado "Actúa para ser exitoso". A los pocos minutos de escucharlo, estaba riéndome tan fuerte que tuve que parar el auto en la esquina de las calles Clay y Divisadero sólo para no causar un accidente. Incluso el pobre entrevistador se escuchaba desconcertado.

Le preguntó: "Entonces, ¿lo que les está diciendo a los radioescuchas es que deben seguir *todos y cada uno* de los cuarenta y cuatro pasos?"

"Por supuesto. Todos y cada uno", dijo el experto, "en el orden *correcto*. De lo contrario *no* va a funcionar". Y empezó a recitar de nuevo la lista de pasos.

Mi cabeza me daba vueltas como rueda de la fortuna descompuesta.

"Bueno", dijo el entrevistador. "Para serle honesto, todo esto es un poco abrumador. ¿No hay una forma más sencilla para que la gente comience?"

"No", dijo seriamente el experto. "Como maestro experto, diseñé este plan científicamente. Y por supuesto, si la gente está confundida, deberían tomar mi seminario".

Por supuesto.

Lo único en lo que yo podía pensar mientras me secaba las lágrimas de la risa, era: "Sí. Es un maestro en cómo superar la procrastinación (sin Dios)".

Recuerdo cuando vivir era efectivamente una ardua tarea antes de que yo dejara que lo Divino me guiara. Corría con mis problemas de un sedicente "maestro" a otro. La combinación de un sistema nervioso sensible más una buena dosis de TDA hacía que mi vida se descarrilara muy frecuentemente.

Sin embargo, en algún momento indeterminado, quizá más por cansancio que por evolución, le pasé el control a Dios; y aunque todavía existen problemas, las soluciones usualmente llegan pronto en formas originales y nuevas.

El otro día conocí en un café a una escritora interesante. Comenzamos a hablar sobre el libro que me habían propuesto escribir.

Ella se ofreció: "Bueno, podría ayudarte a hacerlo. Por lo general, esto tomaría unas treinta horas y cobro 250 dólares por hora".

"Vaya, ¿es broma?", le dije sorprendida, haciendo rápido cálculos mentales. "¡Serían más de siete mil dólares!"

"Bueno, cuento con un plan de pagos flexible", dijo.

Y entonces recordé.

Esto es lo que cuesta una propuesta para un libro (sin Dios).

Después de haber rechazado la oferta, me senté en mi coche e invoqué con todo mi corazón al Orden Divino:

> *Si deseas que escriba esto, no puedo hacerlo sola. Conoces mis límites. Pero la ruta perfecta ha sido ya elegida, así que si ésta es Tú voluntad, ábreme las puertas. Si éste es mi destino, por favor bríndame la ayuda necesaria.*

Causalmente, al mes siguiente una amiga mía de Nuevo México me mandó una de sus propias propuestas.

"¡Hola! Hoy pensé en ti", me escribió. "En caso de que todavía estés trabajando en la propuesta, sólo utiliza la mía como un mapa. Vas a terminarlo rapidísimo".

Tenía razón.

El sherpa interior

Las inesperadas invitaciones a viajar
son lecciones de baile que Dios nos
envía.

KURT VONNEGUT

Cada vez que puedo, me encanta recibir al día dejando que se desenvuelva a la manera que él lo desee, sin yo planear ni interferir con mi mente. Dado que esta habilidad se desarrolla con la práctica, me creo intencionalmente situaciones que involucren relajarse y dejar que mis instintos me guíen. Especialmente durante periodos de mucho estrés, ofrecer algunas horas para que el subconsciente tome el mando y divague es tan relajante como unas vacaciones de dos semanas.

He aquí una aventura que me encanta. Tomo el ferry a San Francisco sin tener plan alguno para pasar la tarde, apago mi celular y empiezo a caminar. Lo Divino será mi guía. Esto lo llevo haciendo como una práctica espiritual ya durante años, una o dos veces al mes. Si hacemos citas con amigos o con alguien de interés amoroso, ¿por qué no hacer una con el Señor Interior?

Si se le da la oportunidad, la intuición toma con confianza el mando y dirige la excursión. Cada viaje es distinto, dependiendo de lo que necesite en ese momento. Por lo general hago una oración al comienzo: "*Te ofrezco esta tarde. Por favor trae lo que sea más necesario y sanador*".

Cada pequeño viaje ha sido único. En algunas ocasiones, me siento con fuerza y ánimos, ascendiendo cada montaña que veo hasta los Twin Peaks. En otras ocasiones, me siento en una banca y observo los árboles y le doy de comer a los pájaros, anhelando vacuidad. Otras veces me encuentro a conocidos que no veía hacía tiempo e inesperadamente termino comiendo con ellos. Otras tardes las he pasado en completo silencio, sin tener ni siquiera mi iPod.

Lo importante es dejar que la psique se desdoble sin edición o interrupción.

Siempre al final de estos viajes sin destino me siento invadida por una sensación de completa revitalización, como si mi alma hubiera logrado estirarse y relajarse completamente, como un caballo de carreras después de haber sido corrido. Las inspiraciones y soluciones creativas a los problemas complicados surgen por su propia voluntad.

Más barato que un viaje a la cordillera del Himalaya o incluso que un retiro de yoga, justo afuera de la puerta de tu casa, lo Divino está esperándote para ser tu compañero y piloto durante la tarde.

¿Por qué no invitarlo?

El colapso de la hipoteca

Echa sobre el Señor tu carga.

SALMO 55

Lori, mi amiga, renta un departamento en San Francisco y es también dueña de una casa en el norte de California. Cuando la economía comenzó a decaer, Lori empezó a escribirme desesperadamente diciéndome que quería vender su casa.

Manejaba sus finanzas de forma desesperada, como muchas otras personas lo hacen. Cada día pensaba que sus oportunidades de vender eran menores en la medida en que la recesión crecía. Al ver que el valor de su inversión menguaba, caía en un espiral de pánico. Cada vez que revisaba los precios en Zillow, necesitaba un Xanax.

Le sugerí que no se dejara permear por el miedo general y la escasez mantuviera su energía anclada en lo Divino y en su Fuente. Si lo hacía, si su casa tenía que venderse, se vendería, independientemente del estado del mercado.

He aquí los pasos:

Renuncia a un enfoque personal. Deja de obsesionarte con lo que vas a ganar o lo que vas a perder. Mejor, invoca una situación en la que tanto tú como un comprador puedan ganar. Imagínate la casa como un recurso que ofrecer para el bien de todos.

Llama al Orden Divino. Asevera que el perfecto nuevo dueño ya ha sido elegido y llegará sin problema. Estate segura de que recibirás el costo designado divinamente de la persona correcta en el momento correcto e imagina que alguien se beneficiará genuinamente de ello.

Instaura a lo Divino como el verdadero dueño. A final de cuentas, ¿de dónde surgió la casa? ¿En realidad perteneció a Lori en algún momento? Al menos dale a Dios el crédito y regrésale mentalmente la casa a lo Divino como resolución.

Desapégate. Suelta toda intención de controlar el resultado. Suelta cualquier vínculo que te ate al lugar o aquél impedirá que se llegue a una resolución. El desapego da lugar a la creatividad. Si es difícil desapegarte, pide poder soltar y poder recibir el mejor resultado. Debes estar consciente de que de una forma u otra, sin importar cómo se vean actualmente las cosas, Dios es tu Fuente y tú estás a salvo.

Después de que Lori y yo hablamos, ella sintió un fuerte impulso de publicar un anuncio de bienes raíces en Craigslist. *Cada día Lori invocaba al Orden Divino y reafirmaba que el comprador perfecto había sido ya elegido. También decidió que si el Universo deseaba que ella no vendiera la casa, los fondos para lograrlo aparecerían. Se desapegó totalmente, insistiendo que sea como fuere lo Divino tenía el control y ella iba a estar bien.*

Dos meses después vendió el lugar, sin ayuda de un agente de bienes raíces, a través del anuncio de internet, a una pareja con un bebé recién nacido quienes, agradecidos, pagaron precisamente la cantidad de dinero que ella necesitaba.

Permite que los guías lleguen

Cada brizna de césped tiene su propio
ángel que se inclina sobre ella y le dice:
"Crece, crece, crece".

DICHO CABALÍSTICO

La semana pasada una empresaria de Brooklyn me llamó para organizar una de sus lecturas ocasionales. Siempre disfruto discutir un poco con la mente rápida y combativa de Jenna. Como siempre, llegamos a un punto en la conversación donde ella insistió en que estoy loca por confiar en lo Divino.

"Es un poco delirante, ¿no crees?", me preguntó. "Incluso si *existiera* un Dios, ¿por qué perdería Él su preciado tiempo con tonterías como si yo encuentro un lugar para estacionarme? ¿Y realmente le importará a esta Fuerza si yo me como unas enchiladas con queso o comida vegetariana? ¿No crees que estaría ocupado con el genocidio?"

Bueno, si nos apegamos a un modelo clásico de Dios, el del tipo con barba y voz de Charlton Heston, que está en el cielo y que mantiene una agenda ocupada, entonces sí, quizá Jenna tenga razón. Pero si lo Divino es una Fuerza ilimitada de Amor tanto dentro como fuera de nosotros, entonces ¿por qué no se nos brindaría ayuda incluso con las cosas más insignificantes? Dado que cada uno de nosotros es parte de esa fuerza, ¿por qué no sería posible que siempre estuviéramos recibiendo un flujo de ayuda?

Claro, si estamos abiertos para recibirlo.

Siempre me he sorprendido de cómo hay gente que, habiendo seguido prácticas de meditación durante muchos años, se resiste a la ayuda y a la guía Divina. Y, en verdad, ¿de qué sirven todos los cursos, iniciaciones y paradas de cabeza si al final el ego es el que lleva el mando?

Un día recibí una angustiada llamada telefónica de alguien que había sido durante veinte años la directora de un lugar de retiro y meditación. Estaba dolida y enojada porque hacía poco la habían despedido. Incluso después de todo ese tiempo dirigiendo un centro espiritual, admitió que le costaba trabajo confiar en que Dios tenía un plan alternativo para ella. Cuando finalmente se rio de la gran ironía de la situación, su pánico disminuyó. Estuvo de acuerdo en invocar al Orden Divino.

Esa noche pidió:

Mi nuevo camino perfecto ha sido ya elegido y llegará en el momento adecuado. Se me mostrarán los pasos para recibirlo.

Días después me escribió diciendo que las pistas que tenía que seguir estaban llegando. Una de ellas involucraba hacer un viaje a la India, un sueño suyo desde hacía mucho tiempo e imposible de cumplir mientras trabajaba.

Así que hagamos un experimento. Si algo ha estado inquietándote, no fuerces una solución. Apela al Orden Divino. Confía en que la solución correcta ya ha sido elegida y te será indicada sin esfuerzo en el momento correcto.

Luego deja ir.

Sigue los escalones cuando aparezcan.

El camino se te mostrará.

De compras con Dios

> *Pronoia es la sospecha de que el mundo*
> *entero está conspirando para colmarte*
> *de bendiciones.*
>
> ROB BREZSNY

Hagamos otro experimento. Pasa un día cualquiera viendo al mundo como una Fuerza pulsante, viva y amorosa que está ahí para ayudarte. Siente que tú y esta energía son Uno. Una buena oración puede ser:

> *Hoy lo Divino me mostrará el camino. Estoy abierta a*
> *todos los mensajes, signos y presagios. Me moveré como*
> *si existiera una Fuerza de Amor esperando ayudarme*
> *en cada aspecto, grande o pequeño, de mi vida.*

A menudo yo siento que lo Divino me ayuda con cosas triviales, así que confío en que también lo hará con los asuntos de gran importancia.

En una ocasión tenía sólo unas pocas horas para encontrar un vestido para la boda de mi primo. Además, acababa de regresar de un viaje, por lo que no tenía gran presupuesto.

Invoqué al Orden Divino inmediatamente, *confiando en que el vestido perfecto había sido ya elegido, y que sería guiada a él fácilmente y sin esfuerzo.*

Entonces puse atención a mis impulsos corporales.

Pronto sentí que tenía que ir a Ross Dress for Less, una gran tienda de ropa salida del séptimo infierno de las compras.

(En realidad, si *realmente* quieres volverte una especialista en comprar con Dios, simplemente *ve ahí.* Una vez que hayas derrotado a Ross, estás lista para lo que sea.)

Cuando entré, la cola para pagar llegaba hasta la parte de atrás de la tienda y más allá. Había ropa tirada por el suelo, como si hubiera habido un naufragio. Había bebés llorando. Se escuchaba a alguien pidiéndole a gritos un reembolso a la cajera. Por las bocinas, Celine Dion nos prometía a todo volumen que un nuevo día estaba por llegar. Perseveré, sujetándome al Orden Divino como si de un bote salvavidas se tratara.

Diez minutos después encontré un vestido arrugado que alguien había abandonado en una caja. Sin mangas, de seda morada cruda, corto, algo sexy, justo de mi talla. Un Donna Karan rebajado al estilo Ross, de 175 a 19.99 dólares.

¡Vendido!

Cuando ya me acercaba a la interminable fila, tres cajas más repentinamente se abrieron. Mientras esperaba, una pelirroja que estaba esperando detrás de mí me sonrió dulcemente y dijo: "¡Vaya! ¡Qué vestido tan increíble! ¿Quieres éstos?" y me puso en la mano un par de aretes colgantes.

En veinte minutos había entrado y salido.

Ir por el mundo abiertos a la ayuda que puede llegar en cada momento se vuelve cada vez más fácil con la práctica. Sí, algunos días esto es mucho más sutil, en otros más drástico. Pero, ¿por qué no *intentarlo*? Puedes practicarlo durante veintiún días enteros para que tus ondas cerebrales se reajusten al nuevo patrón de pensamiento. Y, de todas formas, si el resultado no te deja contento, puedes siempre volver a tu fría y solitaria jungla, sin tener que dar explicaciones.

Reembolso completo.

Las personas por lo general actúan como si no existiera la ayuda divina.

CAPÍTULO 3
Cuando conoces lo Uno,
todo puede suceder

La Fuente Única Divina

> *¿Por qué preocuparse? Lo que está des-*
> *tinado para ti siempre está destinado a*
> *encontrarte.*
>
> LALLESHWARI, POETISA MÍSTICA HINDÚ

La idea de la Fuente Divina se apoderó de mi vida por una buena razón. Aunque soy nerviosa de nacimiento, siempre supe que mi pánico nunca ayudaba para nada. De hecho, con el tiempo todo mi sistema adrenérgico colapsaría como un castillo de naipes, por el estrés.

Entonces, hace como veinte años descubrí una joya de los años cuarenta: *El juego de la vida y cómo jugarlo*, de Florence Scovel Shinn. De este libro anticuado y excéntrico absorbí todo lo que pude del Orden y la Fuente Divina.

Mientras que el Orden Divino dice que lo perfecto, *sea lo que sea*, ya ha sido siempre elegido y tú serás guiado a ello si te alineas a él, la Fuente Divina te recuerda que *todo* surge de

lo Uno. Si sabes cómo mantener tu vibración alta y afinada
con el Origen último del Todo, siempre será posible que suceda todo lo que sea necesario que suceda.

Aprendes a salirte del camino, a seguir las señales y a dejar
que el mejor desenlace llegue. Dejas de manipular los resultados. Las sincronías empiezan a surgir por todos lados. Es
como volar en un avión por arriba de la turbulencia, donde
el aire está claro y despejado, o como tomar agua de un río
cristalino en lugar de ir pidiéndola de puerta en puerta. Co-
mienzas a confiar a dónde va la corriente y vas aprendien-
do a moverte con ella.

Puede sonar loco, pero si piensas que lo Divino es tu protección máxima, la Fuente para tu trabajo, tus finanzas y todas tus necesidades, entonces incluso la economía se vuelve
irrelevante. Elevas tu vibración por arriba de la turbulencia
de la *aparente realidad económica* hacia las manos de aquello *de lo que todo proviene*. Dejas de considerar a cualquier
persona, lugar o cosa como lo que te da asidero.

Sólo lo da Dios.

Entonces el Universo puede usar *lo que desee* para satisfacer tus necesidades. Dejas de estar limitado a lo que tu mente
condicionada piensa como posible.

El verano pasado me sentía con una inquietante sensación
de suspensión. Me sentía perdida y sin timón, lo cual no me
sucede a menudo.

Así que le pedí a lo Divino que me mandara una señal:
*Por favor, sólo muéstrame lo que necesito entender en este mo-
mento para poder tener fe.*

Entonces, en una sofocante tarde de agosto, estaba de visita en Calistoga, un pequeño balneario de California. De

pronto me di cuenta de que a mi lado, arrastrándose por la calle, venía una serpiente de rayas grises, no exactamente el acompañante de paseo más común. Los turistas pasaban por ahí, sin darse cuenta. Era como si estuviera ahí sólo para mí. Recorrimos juntas como una cuadra; cada vez que yo me detenía, también ella lo hacía. Me dieron muchísimas ganas de tocarla, pero cuando lo intenté, se deslizó rápido dentro de una grieta en la barda.

Dos días después estaba de vuelta en mi casa en Oakland cuando se me acercó un hermoso hombre asiático con una penetrante mirada. Me sorprendí al ver una enorme boa color esmeralda deslizándose por su brazo.

"¿Te gustaría acariciarla?", me preguntó con una sonrisa hipnotizante. Me quedé parada un buen rato dejando que recorriera mis hombros mientras movía rápidamente su pequeña lengua viperina. Dado que la serpiente es un símbolo escorpiónico de la muerte, el renacimiento y la misma Shakti, inmediatamente me sentí más calmada y tranquilizada.

Mi respuesta había aparecido *dos veces*.

Si sólo dejaba ir y permitía que la piel vieja se cayera, el renacimiento iba a llegar. Sería inevitablemente dirigida al siguiente capítulo en el momento correcto.

Ayer venía manejando por el Puente de la Bahía pensando en todo esto cuando me di cuenta de que junto a mí iba un enorme camión blanco. Si yo aceleraba, él aceleraba. Si yo disminuía la velocidad, también él lo hacía. Empecé a preguntarme qué demonios sucedía hasta que volteé y vi el nombre del camión: *UniSource* (Fuente única). Y en el gran logo se leía *Experimenta el Poder de lo Uno*. El chofer me sonrió de la nada y con su brazo tatuado me dijo adiós.

Está bien, ya entendí.

El mensaje no fue nada sutil.

Cuando atacan los estafadores

A los siete años ya me había dado cuenta de que si hacía justo lo contrario de lo que todos me decían, las cosas salían bastante bien.

KELLY CLARK

El perdón es un estado de conciencia con un poder magnético para atraer todo lo bueno. Deja limpia la pizarra del pasado para que puedas recibir en el presente.

CATHERINE PONDER

Un tipo llamado Tony empezó a salir con mi amiga Jane. Él era lo que mi abuela judía polaca hubiera llamado un "estafador con labia", alguien que puede manipular a casi cualquiera. Comenzó a manipular a los amigos de Jane, intentando que cada uno de nosotros invirtiéramos cinco mil dólares en su pomposo plan de mercadotecnia. Y aunque los focos rojos aparecían por todos lados, como en un autódromo de noche, quedé perpleja cuando al igual que todos los demás, le di el dinero.

Un memorable ejemplo de cuando ignoro a mi intuición. Pero es que él era realmente un profesional.

Pasó el tiempo, y tras haber inventado un obstáculo tras otro, el sinvergüenza desapareció con el dinero, dejando atrás sólo un teléfono desconectado.

Todos reaccionamos de maneras distintas. Uno salió corriendo en su Harley hacia Sebastopol, donde se suponía que ahora vivía Tony, jurando que lo "encontraría y le rompería sus dos malditas piernas". Alguien más contrató a un detective. Los otros pasaron semanas en el teléfono en total indignación. Pero Tony se había evaporado.

Yo, aunque fui suficientemente ingenua para que me engañaran, al menos sabía qué acciones espirituales tomar.

Lo que más me importaba era recuperar mi paz mental.

Así que recé:

Permíteme liberar mi karma con Tony perdonándolo y perdonándome a mí misma. Libre de enojo y resentimiento. Sólo Tú eres mi completa Fuente de abundancia. Mis finanzas están completamente protegidas por el Orden Divino.

Mis amigos pensaron que era una tonta por perdonarlo. Pero a medida que fue pasando el tiempo, cada vez fue más fácil dejar ir todo el lío.

Más o menos seis meses después, cuando ya me había casi

olvidado del asunto, llamó una persona que decía ser el "socio" de Tony. Tenía algo para mí.

Acordamos reunirnos en un café en Emeryville, y le pedí a mi amigo más fachoso, más tatuado y con más aretes que me acompañara como guardaespaldas. Pero no hizo falta. El secuaz de Tony me estaba esperando tranquilamente, con un sobre de manila lleno de dinero.

Realmente me dijo, como alguien que ha visto *Los Soprano* varias veces: "Mira, querida, Tony estafa a todo mundo. Nunca he visto que le regrese nada a nadie. Pero me dijo que te diera esto. Y créeme, él no sabe por qué. Para ser honesto, se siente intranquilo de habértelo quitado a ti".

Así que así es la cosa. Si conviertes a Dios en la Fuente de tu abundancia financiera, emocional y espiritual, te abres a recibir un bien inesperado e ilimitado. Cada persona, cada lugar, cada cosa es sólo la forma temporal y transitoria que lo Divino utiliza para darte lo que necesitas.

Estoy segura de que si me hubiera quedado enojada, Tony nunca me hubiera regresado el dinero. Mi resentimiento hubiera bloqueado el flujo. Rezar para perdonarlo abrió la puerta.

Pero también permitió que lo Divino reemplazara los fondos a su manera.

Si una reserva se agota, siempre existe otra.

Cuando conoces lo Uno, todo puede suceder

Hay un suministro para cada demanda.

FLORENCE SCOVEL SHINN

La Fuente Divina dice que si nos ponemos a tono con la dimensión en la que todo es Uno, nuestras necesidades serán perfectamente satisfechas. Esto es lo opuesto a como la mayoría de las personas viven, sujetos a una situación particular como un percebe a una balsa (en ocasiones a una balsa que se hunde).

También insiste en que incluso una relación o un trabajo maravillosos sencillamente transmiten el bien que nos brinda el universo.

Una vez que te das cuenta de esto, puedes soltar la balsa. Sabes que siempre se te dará lo que necesites cuando lo necesites, de la forma adecuada. *Lo que debe permanecer, permanece. Lo que debe irse, se va.*

Tener conciencia de esto implica práctica, ya que nuestra cultura de locos nos advierte amenazándonos que vamos a perder todo aquello a lo que no nos sujetemos.

En realidad, funciona justo *al revés*.

Scott, mi amigo músico, recibió un correo de una guitarrista llamada Joan cuyo trabajo le agradaba. Joan quería consejos de mercadotecnia, y Scott la ayudó con gusto.

Luego se dio cuenta de que Joan conocía a alguien que él quería conocer. Entonces Scott le escribió a Joan preguntándole si los podía presentar.

Joan le respondió: "Perdón, estoy demasiado ocupada".

Scott corrió a verme, furioso.

"A ver, mira", le dije, "inicialmente tú ayudaste a Joan sin pedir nada a cambio. Lo hiciste para ser buena gente y, dado que lo Divino manda, no *necesitas* nada de ella. Quizá solamente sea que ella es demasiado competitiva como para poder compartir.

"Pero escucha, si estás destinado a contactar a esta persona, serás guiado hacia ella de la mejor forma y en el mejor momento. Está claro que Joan *no* es tu Fuente. Y, si no dejas ir todo resentimiento hacia ella, éste va a bloquear el flujo".

Scott lo aceptó a regañadientes, exasperado.

Me llamó una semana más tarde, emocionado y gritando de alegría. Acababa de ir a una discoteca en el Castro, donde por azar había conocido a un tipo que resultó ser cercano a la persona que quería contactar. Se reunirían para tomar una copa la noche siguiente.

El Orden Divino y la compañía telefónica

*Si le dices a Dios, "¡Esto es terrible!", Dios
dirá: "¿Terrible? Si no has visto nada". Y
si dices: "Esto es bueno", Dios dirá: "¿Bueno? Si no has visto..."*

VIEJO CHISTE

En India se cuenta la historia de alguien que se quejaba con un gurú sobre lo pequeña que era su casa. El gurú le dijo: "Ve y busca una oveja y llévala a tu casa. Confía en lo que te digo".

El hombre le hizo caso, lo que por supuesto hizo que hubiera menos espacio en la casa. Regresó y el gurú le dijo entonces que fuera a buscar a una vaca, un perro, una gallina y un becerro, hasta que la situación se volvió intolerable. Cuando estuvo a punto de volverse loco, regresó con el maestro, quien le dijo: "Ahora vuelve a casa y saca cada uno de los animales".

Cuando el tipo regresó, el gurú le sonrió. "¿Acaso no se siente ahora enorme tu casa?"

Lo mismo me pasó a mí con la compañía telefónica.

Cada mes me sorprendía de todo lo que estaba pagando por mi número fijo, el internet y el celular juntos. Incluyendo los impuestos y tarifas extras, no terminaba siendo la ganga que me habían prometido.

Pero todavía me sorprendí más cuando un mes recibí un cargo de 42.95 dólares de un equipo llamado Keysecure. La descripción decía que yo estaba pagando una tarifa mensual por mercadotecnia en internet.

Segura de que yo nunca había autorizado esto, llamé a AT&T. Después de que me dieran vueltas por todas las áreas como una ensalada César, se me indicó bruscamente que llamara a Keysecure. Intenté respirar profundamente y llamé. Después de 20 minutos de musiquitas telefónicas, un agente bastante estresado tomó mi llamada. Insistió enfáticamente en que yo había autorizado el cargo. Luego puso "una grabación de una conversación previa" en la que básicamente sólo se escuchaba estática y una indiferenciada voz femenina que se parecía a Dolly Parton tomando Vicodin.

"¡Pero si ésa no soy yo!", grité. "Sólo escuche, ¿tengo algo de acento sureño?"

"Pues es usted", contestó enojado. "Sólo que no lo recuerda. Lo autorizó el 27 de enero, así que no se ponga especial conmigo. Y recibirá otro cargo el siguiente mes. Espere". Y entonces volví a escuchar la musiquita.

En la medida en que mi presión arterial aumentaba, de pronto recordé al Orden Divino. ¿Cómo pude haberlo olvidado?

*Con cada fibra de mi ser invoco a Dios como mi Fuente
y le paso la carga de este lío. Pido para que quien pueda
interceder por mí llegue en el momento adecuado.*

Entonces mi psique se desanudó. Pude respirar otra vez. Repentinamente sentí un impulso de llamar a AT&T de nuevo y entré a una galaxia completamente distinta.

Me ayudó una mujer amable y calmada quien admitió que recibían diariamente quejas sobre Keysecure. Se ofreció a quitar los cargos lo antes posible y a volver a hacerlo si reaparecían. Me dio un número nuevo al cual llamar para cancelar la cuenta, disculpándose de antemano por el hecho de que quizá tomara meses la cancelación, a menos que "tuviera suerte".

Continué evocando al Orden Divino con toda mi concentración. Entonces llamé al nuevo número de Keysecure, rezando mientras esperaba escuchando la peor versión de *La novicia rebelde* jamás hecha. Esta vez tomó mi llamada una persona que amable e instantáneamente borró mi cuenta.

Y al igual que aquel hombre con su casa en India, ahora sí mi recibo telefónico es una completa ganga.

La propina cósmica

Cuando rechazas la ayuda, en ocasiones les niegas a los demás el placer de ayudar.

ANÓNIMO

Estaba en una tienda de comida orgánica en la que ofrecían sesiones cortas de masajes. Una mujer nada pretenciosa estaba sentada junto a un letrero que decía *Cinco minutos de prueba gratis.*

¿Cómo no aprovechar?

Al sentarme, ella me dijo: "Esto ha estado vacío toda la mañana, ¿sabes? Te daré como regalo 15 minutos".

Resultó ser muy, muy buena. (Lo sé porque hace muchos, muchos años yo también fui masajista, pues decidí entrar a la escuela de masaje en vez de estudiar leyes, lo cual les causó úlceras a mis papás. Pero ésa es una historia para otro momento.)

Me dio tan maravilloso masaje de cuello y espalda que quise darle una propina; pero ella insistía en que no, que había sido un regalo. Apenada por mis elogios y agradecimientos, me explicó: "A mí me gusta dar, no recibir. Aunque dé muchos masajes a la semana, nunca me los dan a mí." Yo casi no lo podía creer. Ella tenía una energía muy dulce y sanadora, pero no se sentía merecedora de un cumplido, una propina o un masaje.

Años antes, yo también era así. "Pero no es difícil cambiar", le dije. "Puedes decirte interiormente: *Cada día me será más fácil recibir.* Tu subconsciente lo irá creyendo aunque tu mente racional no lo haga. Incluso puedes pedir: *Déjame sentirme digna de recibir lo que está destinado para mí*".

"Además", dije riendo, "si el Universo *quiere* darte algo, ¿por qué hacerlo trabajar tanto? ¿Quién eres *tú* para decir 'no'?"

Me miró de reojo, dudosa, como si un extraterrestre medio simpático se hubiera teletransportado a su lado.

No me importó.

Le di las gracias nuevamente y le deseé suerte. Cinco minutos después, la vi venir tras de mí en el estacionamiento.

"¿Sabes?", dijo con una expresión emocionada, "realmente *tengo* que cambiar esto. No estoy bromeando. Necesito recibir". Extendió su mano. "Así que, ¡gracias! ¡Aceptaré la propina!"

Las dos nos reímos.

"Qué bueno", le dije, sacando de nuevo mi cartera, "porque yo realmente necesito darla. Ahora, por favor, guárdala para darte un masaje".

Ella sonrió. "Lo haré con gusto".

CAPÍTULO 4
Sigue tu impulso interior

Pensar dentro de la caja

> *Invocado o no invocado, Dios está presente.*
>
> C. G. Jung

> *Un problema no puede ser resuelto por el mismo nivel de conciencia que lo creó.*
>
> Albert Einstein

Crecí perpetuamente preocupada por algo, quizá por haber tenido una sensible mamá Piscis que siempre anticipaba el siguiente desastre, o por ser judía de la costa este. De cualquier forma, cuando cumplí veinticinco años estaba literalmente enferma de miedo.

Para sobrevivir a mí misma, *tuve* que cambiar.

Una de las primeras técnicas que aprendí fue la Caja de Dios. Simplemente escribes tus preocupaciones y las metes a algún tipo de caja, tan simple o elegante como tú elijas.

Cada vez que aparezca una nueva preocupación, va directo a la Caja. No es necesario siquiera que tengas un concepto claro de Dios. Puedes ofrecerla a lo que consideres tu propia sabiduría más elevada, o a la Fuerza que permite a los pájaros volar. No importa.

Suena simplista, pero honestamente, funciona. Si la preocupación vuelve a tu cabeza, recuerda: *"Está en la Caja. No hay más que hacer"*. Puedes meter todos los problemas que tú quieras. Hay estudios que muestran que la mente se recalibra cada veintiún días, así que intenta ofrecer una preocupación específica al menos durante este tiempo.

A lo largo de este periodo de ofrenda, a menudo surgen espontáneamente las soluciones. Cuando la mente deja de buscar una respuesta, se abre espacio. La Caja crea lugar para el Plan divino, incluso en situaciones imposibles de desastre.

La primera vez que utilicé la Caja fue un verano en el que estaba buscando desesperadamente un departamento. Mis amigos me recordaban amablemente que el porcentaje de vacantes en el área de la Bahía de San Francisco nunca había estado tan bajo, a tres por ciento, y que las posibilidades de encontrar un departamento decente a un precio que pudiera pagar eran casi nulas. Pero el maestro que me había sugerido la Caja insistía en que las posibilidades y porcentajes no importaban un ápice. Lo que importaba era la *ofrenda*.

Con una sensación de confusa curiosidad, garabateé mi primera nota y la metí: *"Ahora voy a ser guiada al departamento correcto y llegaré a él en el momento adecuado. Ya todo ha sido arreglado"*.

Al mes, mi veterinaria me preguntó, sin darle demasiada importancia, mientras revisaba si mi gatito tenía ácaros en las orejas: "Todavía estás buscando lugar, ¿verdad? Yo sé de uno para ti".

Y tenía toda la razón; quince años después, sigo aquí.

Después de un tiempo, empiezas a confiar en el proceso. Te das cuenta de que los detalles de la solución son irrelevantes, ya que con el tiempo te serán revelados. Lo que importa es ofrecer el problema sinceramente y de corazón.

La Caja es también un perfecto complemento para el Orden Divino, pues te permite tener un lugar sagrado para guardar tus oraciones y tus pensamientos si así lo deseas. Para la gente de mente práctica, tener un lugar concreto ayuda mucho.

Así que, ¿qué tienes que perder, además de la preocupación?

De murmullo a grito

> *La ciudad de la verdad no puede cons-*
> *truirse sobre el pantanoso suelo del es-*
> *cepticismo.*
>
> ALBERT SCHWEITZER

> *El dios en el que no creen los ateos de*
> *todas formas nunca ha existido.*
>
> ANÓNIMO

Extrañamente, uno de mis amigos más cercanos es Don, un profesor de economía en una universidad de San Francisco. Es lo más escéptico y racionalista que existe. Le gusta presentarme como su "chiflada amiga psíquica egresada de Yale", como si fuera una lagartija de siete dedos, un chihuahua de dos cabezas o algún otro bicho raro que acabara de encontrar bajo una piedra en el Parque Golden Gate.

En una ocasión estábamos en un café de Berkeley cuando comenzó de nuevo a burlarse de mis "supuestos encuentros cercanos con lo Divino".

Le tomé la mano y lo miré a los ojos. "En serio, Don, dime la verdad: ¿nunca te ha sucedido algo que te haya hecho preguntarte si estás viendo todo el panorama? ¿Alguna vez algo ha desestabilizado tu perfecto mundito racional?"

Y me contó que durante la universidad compartía cuarto con su amigo Joey. Una noche durante una tormenta de nieve, Joey salió y no había regresado todavía para cuando Don se durmió. Esto no era extraño.

De pronto, a las 3:00 a.m., se despertó con el corazón palpitando muy rápido, escuchando claramente cómo Joey gritaba su nombre. Fuerte y dos veces. Pero no había nadie más en el cuarto.

Medio dormido, se vistió deprisa y salió tropezándose a su Volkswagen. Su subconsciente tomó el mando mientras conducía sobre una capa gruesa de nieve. Como un imán, fue atraído hacia un lugar, como a diez cuadras, donde encontró el coche de Joey atorado en la nieve. El tipo se estaba congelando, borracho y confundido.

Nadie nunca pudo entender cómo sucedió.

Me quedé perpleja al escucharlo, mientras le ponía miel a mi avena.

"Hombre, debes estar *bromeando*. ¿Y esto no cambió para nada tu vida?"

"Para nada", dijo negando con la cabeza. "*Tuve* que verlo como una coincidencia. Si no, hubiera comenzado a cuestionarme *todo*. Me habían aceptado en la universidad, estaba siguiendo las reglas y estaba ganando. No había tiempo para volcar mi mundo al revés".

"Sabes", reflexioné, "no estoy segura de que haya sido una coincidencia. Estabas en el ámbito de la clarividencia y la telepatía. Esos son dones y habilidades verdaderas. Parece que tu Ser Superior estaba haciendo contacto".

"Sí, pero yo no tenía tiempo de detenerme a conversar. Hubiera acabado en el psiquiátrico —dijo riéndose, girando su dedo índice sobre su sien.

"Bueno, en realidad", le dije, "en una cultura sana esto sería considerado un don. Los niños aprenderían a seguir a su guía interior desde pequeños. Nada que temer y todo que ganar".

"Lo que tú digas, querida", dijo Don, sonriendo indulgentemente mientras tomaba un sorbo de té verde. "Quizás en mi siguiente vida".

Cazador de volcanes

Muévete, pero no por miedo.

RUMI

Cuando tenía veintidós años y acababa de llegar a vivir a San Francisco, me hice amiga de un escritor que se llamaba Stephen. Nos la pasábamos en el barrio bohemio Mission con una banda de artistas, sintiéndonos en casa por primera vez en la vida.

Después de algunos meses, Stephen anunció de repente que se mudaría de ciudad. Decía que ya se sentía listo para establecerse en el campo, encontrar una pareja e incluso tener un hijo. Caramba, esto sí que era sospechoso. Era como si tu primo gay favorito anunciara que se iba a unir al movimiento de los Santos de los Últimos Días, a los Caballeros de Colón o a algo parecido.

Luego admitió que, aunque le gustaba mucho la Bahía, le daban muchísimo miedo los terremotos. Después de pasar meses en la búsqueda del departamento estadísticamente menos peligroso, se había decidido por las afueras de Washington.

"Pero tú perteneces *aquí*", protestaba yo. "¿Cómo puedes irte? Si entras en pánico cuando no puedes conseguir un buen burrito".

Admitió que aunque no tuviera ganas de marcharse, le urgía encontrar un lugar seguro donde vivir. Él sabía que según la astrología Plutón bajaría pronto a su nadir, la parte inferior de su carta astral. Es decir, estaba esperando que una catástrofe le pegara en cualquier momento.

"¿Sabes?", dijo, moviendo su cabeza con tristeza, "Ya no puedo vivir en la Falla de San Andrés, preguntándome cada tarde a la vuelta del trabajo si mi edificio estará todavía en pie".

Todavía recuerdo cuando todos nos despedimos en su estudio, en la Avenida Diecinueve y Guerrero. Para desearle buena suerte (y porque eran los ochenta), rompimos una botella de champaña barata en la defensa de su Dodge azul descascarado.

Y después, se fue.

Nadie supo nada de él hasta nueve meses después, cuando Stephen llamó avergonzado, diciendo que venía de regreso.

"¿Qué pasó?", pregunté entusiasmada.

"Pues, ¿recuerdas, querida, que en mayo pasado hizo erupción por primera vez desde 1857 el Monte Santa Helena? ¿Y recuerdas cómo había estado yo buscando científicamente el lugar más seguro? Pues me había mudado al pueblo de Cougar, a 17 kilómetros de distancia.

"Perdí casi toda mi ropa, mis libros, incluso mi bicicleta. Cada centímetro cúbico estaba cubierto de ceniza. Todavía puedo olerla y sentirla en la boca, dos meses después".

Lloriqueando, dijo: "¿Sabes?, ahora mismo mataría por un burrito de tofu, con extra queso, guacamole y salsa. Te juro que no hay ni uno decente en este maldito estado. Ya estoy más que listo para regresar a casa".

Para el fin del verano, Stephen ya estaba de regreso en Mission. Lo llevamos a La Cumbre en la calle Valencia, su taberna preferida.

Hasta el día de hoy dice que qué bueno que todo sucedió así.

Nunca más tomó una decisión por miedo.

El sendero de migas de pan

Cuando tenía veintitantos años, uno de mis primeros maestros fue un maravilloso psíquico llamado Michael, que vivía en las colinas Berkeley. Él me dio tantas herramientas prácticas para navegar los planos tanto internos como externos que me ahorró años de trabajo.

Cada vez que acudía a él, confundida sobre qué hacer frente a un dilema, por lo general me decía:

Guarda la pregunta en tu corazón. Pídele con convenci-
miento y enfoque al Universo que te guíe. Luego déjalo
ir y busca las migas de pan que aparecerán para que
las sigas. Si no obtienes respuesta, sigue preguntando
hasta obtenerla.

Antes de conocerlo, muy comúnmente me paralizaba de indecisión frente a incontables temas. Con Libra ascendente, siempre viendo ambos lados de una situación, solía tomar decisiones por miedo. Pero pronto me di cuenta de que la sencilla técnica de Michael funcionaba de maravilla.

La variable es el momento oportuno. Algunas migas de pan tardan semanas en aparecer mientras las cosas se acomodan. Pero otras aparecen *instantáneamente*.

La semana pasada iba conduciendo con una amiga que me estaba platicando sobre el dilema de su gato. Odiaba que su nuevo gatito recién adoptado se quedara solo en casa, pero temía que dos gatos fueran demasiado problema. Durante 16 kilómetros su mente dio vueltas y vueltas como hámster en carrusel, sopesando sin parar las ventajas de tener uno o dos gatos.

Finalmente, *me harté*. "Mira", dije riéndome, "¿por qué no sólo pides que se te muestre el camino que debes de seguir? Llamemos ahora juntas al Orden Divino y veamos qué sucede".

"Sí, aja...." dijo ella, haciendo cara como si yo hubiera sugerido mandarle un mensaje de texto a Santa Claus al Polo Norte.

En el siguiente semáforo, una mujer cruzó la calle. "¡Dios mío, mira!", gritó mi amiga, señalando hacia la mujer. La señora traía en los brazos a dos diminutos gatitos tricolor, acurrucados uno con el otro mientras ella caminaba hacia la veterinaria que había en la esquina.

"¡Eso sí fue rápido!", le dije riendo. "Ahora no insultes al Universo ignorando su respuesta".

Pagos retrasados

Nunca entendí por qué la gente arma tanto revuelo por lo que escribo. Soy simplemente la manguera por donde brota el agua.

JOYCE CAROL OATES

A menudo pienso sobre el hacer de las cosas y me pregunto quién es realmente Aquel que "hace lo que se hace". La vida cambia radicalmente si tomas conciencia de que tú eres un conducto para aquello que desea suceder, en vez de aquel que hace que todo suceda.

Entonces puedes decir internamente:

Todo lo que tenga para dar, úsalo para el bien supremo. Sólo déjame ser útil y contribuir con todo.

A lo largo de los años he observado cómo esta simple oración ha ayudado a mucha gente a encontrar su vocación y su destino. Una vez que dejamos de enfocarnos en "hacer para obtener" y nos volvemos en recipiente, todo cambia.

Alguna vez escuché una historia que hablaba de una maestra espiritual francesa, una oradora carismática con la sorprendente habilidad para conectar a las personas con la verdad de sus propios corazones. Al comienzo, ella agradecía poder ayudar.

Tras pasar años viajando por el mundo y dando conferencias, recibió muchos elogios y reconocimiento. Se le trataba como mucha deferencia y respeto, recordándole siempre cuán talentosa era.

Un día iba a dar una conferencia en un congreso enorme en Australia. El centro de convenciones estaba repleto; la gente estaba muy entusiasmada.

Ella caminó hacia el micrófono y abrió la boca.

Nada salió.

Se le había ido la voz.

Pasó los siguientes tres meses básicamente muda.

Esto no era un ataque común de laringitis: ni los doctores ni los análisis lograron diagnosticar el problema. Su gira fue cancelada.

Finalmente rezó desesperada para poder comprender qué le estaba sucediendo; sentía que se estaba volviendo loca, y que perdería su medio para ganarse la vida.

Esa noche tuvo un sueño muy vivo.

"Entonces dime", escuchó, "¿a quién pertenecía tu voz a *final de cuentas*? Al comienzo, lo sabías. Luego lo olvidaste. Recuerda la verdad y tu voz regresará".

Terminó postrada en el piso junto a su cama, ofrendando su voz, sus enseñanzas y todo lo que tenía al silencioso y paciente Uno a quien le habían pertenecido todo el tiempo.

Pocas semanas después recuperó la voz.

CAPÍTULO 5
Renuncia a todo

La muerte, tu consejera

Al anularte, tu poder se vuelve invencible.

MAHATMA GANDHI

Deja que la muerte sea tu consejera.

CARLOS CASTANEDA

Alguna vez escuché la siguiente historia sobre la hermana de una amiga.

Una mujer de unos cuarenta años vivía en Baltimore, donde trabajaba como asistente jurídica; vivía ocupada con sus relaciones, el trabajo, la familia… lo típico. No tenía la más mínima inclinación espiritual.

Entonces llegó el desastre. Aunque nunca se había enfermado más que de gripa, a Paula le diagnosticaron una forma poco común de linfoma de rápida propagación y le dieron tres meses de vida.

Su mundo se derrumbó. Práctica por naturaleza, inmediatamente puso toda su energía en organizar sus asuntos, tratando su inminente partida como uno más de sus pendientes que se pasaba la vida resolviendo. Para su sorpresa, no sentía miedo.

Paula pagó sus deudas, se deshizo de todo lo que no necesitaba y se preparó para morir. Este mundo se volvió para ella en un sueño diáfano. Dejó de tener conversaciones inútiles. Empezó a decirles a todos la verdad. Dejó de hacer cosas que no quería hacer, confiando por completo en su brújula interior. Al darse cuenta de que este mundo seguiría girando como siempre sin ella, empezó a sentir un tranquilo desapego que la bañaba como agua cálida.

Luego, ocurrió un nuevo giro inesperado.

Al tercer mes, el cáncer había desaparecido espontáneamente. Para confusión de sus médicos, todos los síntomas desaparecieron tan rápido como habían aparecido. Pero Paula se mantenía ecuánime.

Aún más sorprendente, había adquirido el poder de manifestar y curar casi cualquier cosa. Si pensaba en una cantidad de dinero específica, ésta llegaba casi sin esfuerzo. Si imaginaba una manzana, un desconocido la sacaba en ese momento de una bolsa. Personas que sufrían alguna enfermedad empezaron a llamarla para que las ayudara.

Este talento surgió por su propia voluntad, ya que Paula no necesitaba ni deseaba nada, habiéndose ya despedido de este mundo. Al no tener ya un ego codicioso, sus pensamientos se materializaban instantáneamente. La misma Divinidad a la que previamente había desestimado ahora fluía libremente a través de su Ser.

Paula decía: "Quizá cuando ya no *necesitas* nada, puedes tenerlo todo. Y cuando dejas de *intentar* hacer que las cosas sucedan, todo *puede* suceder. Todo lo que sé es que el 'yo' que antes era, ya no es. Yo dejé de estorbar".

La hoguera secreta de (los) deseos

Lo que el universo va a manifestar cuando estás alineado con él es mucho más interesante que lo que tú intentas manifestar.

ADYASHANTI

Puedes llegar a Dios como un amante... o una prostituta.

DAVID WILCOCK

Carol, miembro de un grupo de meditación del vecindario, me llamó para una lectura. Cada día, al amanecer, se levantaba a hacer Hatha Yoga, cantar y meditar antes de ir a trabajar. Tenía una foto de su maestro espiritual en su tablero del coche y la miraba amorosamente en cada semáforo. Más que cualquier otra cosa, decía que quería conocer a Dios.

Sin embargo, llamó porque también quería saber cuándo iban a realizarse sus "otros grandes deseos". Había emprendido una amplia búsqueda por el esposo perfecto. Quería con todo su ser lograr el éxito financiero. Anhelaba tener un hogar y tener hijos. Ah, y salir en el programa de Oprah Winfrey. Decía entonces que lo único que buscaba era la iluminación, el Conocimiento Supremo de su propio corazón, pero se quemaba día con día en una caldera de deseos insatisfechos. Se visualizaba en la situación deseada, escribía incesantemente listas de sus sueños y hacía tableros "de visión" con recortes de fotos de todo lo que añoraba.

Revisé los tránsitos de Carol durante una hora y luego cambié de estrategia, alarmándola. "*¿Por qué no llevas tus pilas de listas y tableros a la playa y haces una fogata?*" Hacer lo que en India llamarían un *yagna*, un sacrificio de fuego. Que ofreciera de su propio corazón, plena y completamente, todo este asunto al Señor.

Y que lo soltara.

Después de todo, lo que ella deseaba por encima de todo lo demás era a Dios.

En vez de fastidiar día y noche a lo Divino con sus listas, ¿por qué no pedir poder acceder al plan divino? *Todo podría ser ofrendado al Orden Divino, afirmando que el camino perfecto ha sido ya elegido y que ella será guiada a él.* Con sólo rezarle a la Voluntad Divina, las pistas a seguir aparecerían en el momento correcto. Yo he visto esto una y otra vez.

Cuando, hace algunos años, los libros de *La Ley de Atracción* se volvieron famosos, comencé a escuchar cada vez más historias como la de Carol. Sí, nuestras mentes son infinitamente poderosas. Tenemos un enorme poder para manifestar. Algunas veces sí atraemos lo que pensamos y anticipamos. Sin embargo, si lo atraemos con avaricia y apego,

inevitablemente seguirá el sufrimiento, así como la noche sigue al día.

De broma, un amigo llama a uno de esos libros "El Secreto
(para obtener más karma)".

Pero si invitas al Orden Divino a formar parte de todos
*   tus asuntos,*
le ofreces tu vida a un Plan más elevado, más sublime,
más allá de las pirotécnias
del ego.
Bailas por el mundo,
con el Amado divino,
con la certeza de que lo que sea que necesites,
de alguna u otra forma,
siempre,
siempre,
llegará.

Dirígete siempre a lo más alto

¿Cuánto tiempo permanecerás golpeando una puerta abierta, pidiendo que alguien la abra?

RABIA

Mi amiga Cynthia me dijo alguna vez: "No pierdas el tiempo intentando obtener ayuda de personas que no tienen el poder. Si tienes un problema, dirígete siempre a *lo más alto*". Dado que ella había trabajado toda su vida en la jungla jerárquica de las corporaciones, le hice caso.

Yo había estado atravesando una pesadilla con una casa de importaciones. Durante seis semanas me mandaron el sillón equivocado tres veces, y además me cobraron dos veces. Finalmente lo que menos me importaba era recibir el sillón correcto, sólo quería que el asunto terminara; pero cada complicada llamada implicaba un viaje kafkiano al reino de lo absurdo, al ser transferida de departamento a departamento donde una persona indiferente tras otra me decían que no podían ayudarme.

Cynthia me aconsejó: "Escríbele al director ejecutivo como si fuera tu amigo; él es lo más alto".

No tenía nada que perder. Invoqué al Orden Divino y pedí que se me diera inspiración para escribir la carta. Insistí en mi corazón en que la solución correcta ya había sido elegida. Entonces le escribí una amigable pero detallada carta en la que le describía el embrollo entero. Le conté cada giro en el loco camino y le pedí ayuda.

Al cabo de una semana recibí una simpática y sincera nota de disculpa dándome toda la razón. Aún más, había decidido realmente regalarme el sillón como disculpa por todo mi esfuerzo. Me agradecía por haberle escrito.

Qué revelación.

He estado pensando en las formas en que el consejo de Cynthia puede aplicarse no sólo a la cima corporativa, sino también para la espiritual. ¿Qué sucedería si, en vez de tocar de puerta en puerta, te diriges directamente al Árbitro Divino de todo lo que existe? ¿A la Portera misma del Almacén cósmico?

Aquella que es Una contigo siempre y cuando mantengas un estado mental sano y dispuesto a recordar.

Así es como yo veo la colaboración con el Orden y la Fuente Divina. Ves al Universo como el suministro ilimitado y abundante para todas tus necesidades; te alineas a ti mismo para recibir la solución más elevada en cualquier situación específica. Dejas de humillarte y de rogarles a los demás. Te desvinculas de *cómo* es necesario que la respuesta llegue y te abres total y completamente a lo Divino. Te dispones a recibir ayuda y a seguir la ruta que te es trazada.

Insistes en que la solución correcta a cualquier problema ha sido ya escogida y serás guiado a ella. Estás dispuesto a tomar toda la acción necesaria, incluso a la más difícil si es necesario. Pero sabes que te serán revelados los senderos correctos, y que si necesitas ayuda, se te dará.

Pero lo primero que tienes que hacer es la maldita llamada.

Renuncia radical

En tus manos encomiendo mi Espíritu.

ÚLTIMAS PALABRAS DE JESÚS

Para mí estas palabras son unas de las más bellas jamás pronunciadas. No soy cristiana (y tampoco una judía practicante, aunque en toda mi familia hay seis, sí, seis, rabinos). Con el paso del tiempo mi espiritualidad se ha vuelto un continuo romance con lo Divino tanto en lo interior como en lo exterior, independiente de cualquier religión formal. Y esta cita lo dice todo.

Cada día en el equinoccio de primavera el sol cruza el delicado punto de los 29 grados Piscis, el último del Zodiaco. En el mundo de las estrellas, alcanzamos el gran final del año. Cuando llega el equinoccio, el sol se mueve a cero grados Aries y la rueda de la vida recomienza una vez más.

Éste es un día de renuncia radical, que nos lleva al umbral de lo nuevo. Los metafísicos lo han llamado el "grado crucifixión" y nos advierten no iniciar nuevas acciones en este momento.

Sin embargo, yo siempre pienso que si una acción es ofrendada completamente a Dios, la puedes hacer en *cualquier* momento. Es algo extraño que lo diga una astróloga que observa las estrellas, pero honestamente, es verdad. Hay una historia que cuenta que el gran yogi Paramahansa Yogananda le pedía a sus astrólogos determinar la fecha menos favorable para iniciar una gira mundial. Entonces, comenzaba a viajar intencionalmente en ese preciso momento para demostrar que si uno se mueve con Dios puede obtenerse un resultado positivo.

En sánscrito la palabra *aparagraha* significa "no posesión". En lugar del modelo occidental de perseguir, enlazar y etiquetar nuestros deseos para tener una buena vida, *aparagraha* significa moverse por el mundo con las manos extendidas y un corazón abierto. Me gusta tanto esta palabra que la tengo tatuada en mi tobillo izquierdo al lado de un azulejo de la alegría.

Así que aquí te comparto una oración para este momento:

Deja que lo que quiere venir, venga. Deja irse a aquello que quiere irse.
Si es mío, se quedará. Si no, algo mejor llegará en su lugar.

Si invocas plenamente a la voluntad de Dios, nunca más temerás el movimiento de las estrellas.

Qué alivio.

CAPÍTULO 6
Sé aquello que buscas

Tu palabra es tu ley

> Los pensamientos son bumeranes que
> regresan con exactitud a su lugar de
> origen. Elige bien lo que lanzas.
>
> ANÓNIMO

Una extraña verdad metafísica: la prosperidad no está nunca condicionada al estado de tu cuenta de banco, sino a tu estado mental. *Matrika Shakti* es el término en sánscrito que designa al poder supremo de la palabra de cada uno. *Creamos nuestro mundo con lo que decimos.*

Me llamaron dos mujeres completamente distintas. Una, llamada Marie, era una perspicaz emprendedora que había vendido una compañía de internet a comienzos del auge tecnológico. De un día al otro se convirtió en una multimillonaria dueña de varias casas alrededor del mundo.

Sin embargo, cuando llamó me dijo: "¿Sabes lo *difícil* que es vivir con dos millones al año? ¿Con todos mis *gastos*? En serio, ¡no es mucho! Cada noche me arrepiento profundamente por no haber vendido la compañía por más. Apenas puedo dormir".

Me quedé tan atónita, que escupí el té sobre el teléfono, y tuve que correr por una toalla. "¿En serio?", me reí, limpiando el auricular. "¿Por qué entonces no vendes un par de casas? ¿Tu felicidad realmente depende de que tengas las *cinco*?"

"Oh, *nunca* podría", se quejó. "Esperé toda mi vida para obtenerlas. Pero nadie cree que a menudo esté en *bancarrota*".

Siguió llamando con frecuencia para quejarse de su situación monetaria.

Un día colmó mi paciencia y le dije: "Marie, te adoro, pero escucha esto. Nunca he tenido una casa propia y vivo en un departamento, y sin embargo me siento la maldita reina de Inglaterra cada vez que hablamos. O sea, ¿cómo es posible que yo tenga más que suficiente pero tú no? ¿Estás lista para cambiar tu forma de hablar del dinero?"

No volví a saber de ella en mucho tiempo. Luego llamó de la nada para decirme que se había declarado en bancarrota. A través de una serie de extrañas crisis había perdido casi todo lo que tenía.

Su discurso de pobreza efectivamente se había convertido en su ley.

Mientras tanto Lorrie, la otra clienta, vive una vida sencilla, pero existe en un estado verdadero de gracia. Su gratitud y apertura le brindan básicamente todo lo que necesita. Atrae lugares de estacionamiento en colonias llenas de gente, le llegan trabajos extras para cubrir sus gastos extras y le caen amigos leales del cielo.

Y no siempre fue así. Ella solía ser una Tauro celosa que envidiaba de verdad la buena suerte de los demás. Sin embargo, aprendió una nueva forma de ser. Siempre dice: *"No tengo idea de cómo, pero los milagros llegan constantemente. Mis necesidades son siempre satisfechas".*

Recientemente sintió un deseo de viajar a Asia, pero no le sobraba dinero para el viaje. Decidida, invocó al Orden Divino y esperó. Decía: *"Si estoy destinada a ir, que lleguen las condiciones perfectas. De lo contrario, que se me permita estar satisfecha donde estoy".*

Pasara lo que pasara, ella permanecía tranquila.

Un día antes de que tuviera que comprar el boleto, un vecino que hacía películas la llamó. Le preguntó si le rentaba su casa para una filmación, ofreciéndole como pago la cantidad exacta para el boleto.

En otra ocasión, estuvo esperando un autobús en Manhattan durante una tormenta de nieve, lamentando haber olvidado su chal. En eso se dio cuenta de que a algunos pasos había una bufanda de lana tirada en la banqueta nevada, se acercó y se la puso, riéndose de que era fucsia, el color de su abrigo.

Shakti, la perfecta asesora de moda.

Yo le decía de broma que tenía tanta fe y era tan generosa, que los ángeles se peleaban por ayudarla. No hay nada que necesite que no llegue de una u otra sorprendente forma, en ocasiones en el último momento.

Eso *sí* es abundancia.

Abrirse a la afirmación

Sí, existe otro mundo. Es éste.

STEPHEN DUNN

La vida puede ser tan impredecible. Bien,
¡definitivamente espero que así sea!

BECKY SHARP, *VANITY FAIR*

Cuando un problema ha existido durante mucho tiempo, uno puede sentir que es permanente. A la mente crítica y sentenciosa le cuesta trabajo imaginar que algo pueda disolver un estado aparentemente tan arraigado.

Sin embargo, el cambio puede llegar en cualquier momento si estás abierto a ello.

Mi amiga Triana fue a ver a una psíquica. Al leerle las cartas, de alguna manera aparecí yo en ellas. La vidente predijo que pronto yo iba a escribir mucho y ser muy feliz por ello.

En ese momento, esto me pareció muy chistoso. Mi primer pensamiento fue: "¿Escribir qué, la lista del súper? ¿Las películas por ver en Netflix?" Es como si me hubiera dicho que iba a volverme embajadora en Fiji.

Irónicamente, había estado enfrentando un bloqueo mental para escribir desde que había estado en la universidad, varias décadas atrás. Aunque periódicamente garabateaba al azar algunas percepciones sobre diversas cosas, nunca concretaba nada. Luego metía todas las notas surgidas de una ventisca de TDA que cubrían mi escritorio en un sobre, guardándolas para un efímero y vago futuro. También guardaba un indescifrable y caótico diario en el closet de cobijas donde por lo general dormían los gatos.

Siempre que viajaba escribía largos correos electrónicos a mis amigos más cercanos. Siempre me decían: "¿Por qué no abres un blog o escribes algunos artículos? ¿O escribes un libro…? ¿Por qué no compartes todo esto?" Pero nunca lo hice. Me parecía completamente abrumador. Incluso convertir la pila de cartas de viaje en artículos publicables parecía como arrear una horda de serpientes depredadoras.

Por eso, cuando Triana llegó a contarme la predicción de la psíquica, ¿qué podía hacer más que encogerme de hombros y reírme?

"Ya veremos", dije. "Realmente sería un milagro".

Un milagro.

De pronto me di cuenta de que, para esto, ¡nunca había invocado al Orden Divino! Aunque ciertamente ya sabía qué podía pasar, había estado confiando inconscientemente en mi propia fuerza limitada. Una forma garantizada para no avanzar en la vida.

Así que le pedí al Orden Divino que apareciera en mi escritura.

Pedí que, si podía ser yo de alguna ayuda, y que si era la voluntad de Dios, llegaran las oportunidades adecuadas para hacer añicos de una vez por todas mi bloqueo mental. Insistí en que ya había sido elegido el camino perfecto.

Estaba preparada para el milagro, y tenía muchas, muchas ganas de ser sorprendida.

Tres meses después estaba buscando en línea un artículo sobre astrología que había salido en examiner.com y vi que estaban contratando a escritores. Me registré casualmente.

Al poco tiempo me encontraba inesperadamente montada en un trineo de carreras de escritura.

Me lanzaba locamente alrededor de las curvas de hielo.

Hay cosas obvias que no puedes anticipar, sin importar *qué* creas que sabes.

El éxtasis de la negación

No olvides que "no" es una frase muy, muy completa.

DITA MANELLI

Mi amiga Dita dijo que había pasado el día en casa sin ir a trabajar. Le pregunté, preocupada: "¿Por qué? ¿Estás enferma?"

"No", dijo indiferente, "sólo se me antojó".

Me quedé fascinada por la manera casual y extremadamente sagitaria en que lo dijo. Yo hubiera necesitado además decir: "Porque tú sabes que he estado trabajando día y noche". O quizá: "Pensé que me iba a dar gripa si no descansaba".

¿Pero un elegante, confiado y sencillo "sólo se me antojó"? Caramba.

Un terreno desconocido y estimulante para una Capricornio diligente como yo.

¿Quieres saber qué tan hiper-responsable solía ser yo?

¿Alguna vez has recibido esas planas de etiquetas de direcciones que las organizaciones de beneficencia suelen enviar, repletas de imágenes de banderas u ositos de peluche o pajaritos piando? Me tomó años darme cuenta de que simplemente podía romperlas, para que mi correo no se atascara de ellas.

Más o menos por esa época me di cuenta de que no tenía que contestar encuestas enviadas por mi "familia" de Office-Max sobre mi última experiencia de compra.

Y me di cuenta, en un visionario rayo de conciencia, de que podía simplemente decir adiós cuando algún pariente chiflado se ponía a despotricar contra los homosexuales.

Creo que entonces tenía *cuarenta* años.

Y cada día se vuelve más fácil.

A veces, decir "no" en el momento indicado libera más y más espacio para el placer supremo de decir "sí".

Le hice una lectura a una conocida novelista llamada Brynn. Me confesó que su departamento en Oakland estaba tan lleno de correo de sus admiradores que apenas podía moverse. Las bolsas que se desbordaban, algunas desde hacía ocho o nueve años, la torturaban y se burlaban de ella. Como una Virgo responsable, pensaba que si la gente se había tomado el tiempo para escribirle, se merecía una respuesta. Pero después de luchar todo el día con un manuscrito u otro, lo que menos quería era trabajar más.

A mi parecer, era extremadamente simbólico que el correo estuviera convirtiendo su casa en un campo de obstáculos. Cuando le sugerí que simplemente juntara las cartas y las quemara, Brynn casi se suelta a llorar de felicidad. Siempre había querido hacer eso.

Brynn me escribió para contarme que después de que se deshizo de las cartas, su vida se había abierto como un girasol. Sus libros eran su ofrenda.

Haberlos escrito era suficiente.

Sé aquello que piensas que necesitas

La conciencia del "Yo soy" pulsa a través del universo entero. Atraemos lo que somos.

TERESA MANN

Desde que era poco más que una adolescente, la gente me ha llamado para preguntarme cosas como "¿Cuándo tendré una relación buena?", "¿Cuándo tendré dinero?" o "¿Cuándo seré feliz?" Y sí, es cierto que alguien que lee decentemente las cartas astrales o el tarot puede ser capaz de predecir ciclos de relativa calma o de crisis; pero enfocarse sólo en eso pierde todo el sentido. Los ciclos y los tránsitos van y vienen. Pueden ser útiles para comprender, pero a final de cuentas, lo que realmente importa es el estado mental adecuado.

Sin un sentimiento de crecimiento y alegría, aun las bendiciones del mejor de los tránsitos planetarios no van a servir de nada, ya que la abundancia es algo que se es, no es algo que se busca o se espera.

Si encarnas la generosidad y el flujo, si te mueves desde la Fuente Divina, lo que tiene que acontecer siempre vendrá sin importar las estrellas o la demente economía. Veo esto con tanta frecuencia que ya no tengo duda alguna. Incluso si sucede una pérdida o una catástrofe, por lo general se invierte.

Algunas veces la gente promete: "Voy a actuar con abundancia una vez que los cofres estén llenos. Cuando tenga lo suficiente, ya verás. Voy a compartirlo todo". Pero he aquí el truco: Debes actuar desde esta amplitud de criterio en tu vida tal como es ahora para que las cosas cambien.

La práctica bíblica de pagar el diezmo tiene poder porque no espera al futuro. Trae al presente un estado de flujo al insistir: "En este momento, tengo mucho. Soy lo suficientemente rico para dar". Incluso si lo que se ofrenda es un dólar, es suficiente.

❀

Una amiga mía estaba en la lista mensual de correos de un astrólogo hindú. Vivía acosada por los avisos de los últimos tránsitos aterradores, al tiempo que era presionada constantemente para que comprara rituales protectores llevados a cabo por monjes védicos.

Algunas de las cartas que me reenviaba me daban dolor de estómago por el gran miedo que provocaban. El tipo había incluso logrado convertir un tránsito de Venus en algo que debía evitarse.

Entonces un día mi amiga decidió cancelar su suscripción a la "guardia planetaria del terror". Simplemente se dio cuenta de que ya no temía a las estrellas. Finalmente sabía que su seguridad externa provenía de su alineación con Dios, de un estado mental receptivo y abundante.

Cada día, independientemente de las fluctuaciones exteriores, sentía: *Soy abundancia. Soy amor. Todo lo que necesito siempre llega. Lo Divino es mi Fuente.*

Ella era Eso. Era dueña de la vibración. Era libre.

Así que regala algunas cosas.
Invita a comer a algunos amigos.
Haz lo que sea necesario para sentirte próspero
a pesar de la actual apariencia.
Y nunca, nunca digas que no tienes dinero.
Si te sumerges en la vibración del miedo, la duda y
la restricción
sin duda es eso lo que vas a atraer.
Si insistes en que nunca tienes lo suficiente,
el mundo coincidirá efusivamente contigo.
Pero si te dejas ser,
lo que tú piensas que necesitas,
de alguna u otra forma,
llegará.

CAPÍTULO 7
El kit de emergencias para sobrevivir a las vacaciones

El impulso interior

> *Las personas deberían ser más como los animales… deberían ser más intuitivas; no deberían de ser demasiado conscientes de lo que hacen mientras lo hacen.*
>
> ALBERT EINSTEIN

A menudo, lo "correcto" en la vida puede sentirse como un impulso interior en casi cualquier dirección. Quizá no sepas cuál será mañana la ruta correcta, pero en el momento, si escuchas, se te mostrará paso a paso el camino a seguir.

Con mucha gente viajando durante la temporada de vacaciones, saber cómo honrar a este impulso interior puede ser invaluable.

Durante la semana de Navidad volé entre Phoenix y Oakland. Cuando llegué a la puerta de embarque el domingo por la noche, la aerolínea anunció que habían sobrevendido el vuelo. Estaban buscando desesperadamente a alguien que cambiara su asiento a cambio de un cupón por un viaje gratis.

Pero nadie se ofrecía, así que siguieron endulzando el trato. Poco después ya estaban ofreciendo dos viajes redondos a cualquier lugar en Estados Unidos, además de una comida y hospedaje para la noche.

Sólo necesitaban a *una* persona, una sola persona, pero aun así nadie se ofrecía. Todos querían llegar a casa para las celebraciones. Mi impulso interior de pararme y ofrecer mi lugar fue tan fuerte, que prácticamente tuve que amarrarme a la silla con mi chal para mantenerme sentada. Sabía que no podía dormir en Phoenix esa noche.

Mi mente no comprendía de dónde había surgido esta fuerza interna. Tenía que dar una clase el lunes a la que no podía faltar, además de tener una cita con el doctor para la que había esperado mucho tiempo. No había manera de que pudiera regresar tarde a casa, sin importar lo atractivo de la oferta.

Sin embargo, seguí sintiendo este impulso interno, como si los mismísimos ángeles celestiales me estuvieran jalando de la silla. Quizá sí eran ellos. Finalmente decidí rendirme al impulso y confiar en mi instinto. Pero justo en el momento en que me paré, otro tipo se ofreció. Con un gran aplauso, se convirtió en el héroe de la noche.

Veinte minutos después, abordamos todos el avión, menos él, que se fue a cenar y a dormir solo en el Holiday Inn del aeropuerto.

A mí me tocó sentarme en la última fila junto a un asiento vacío mientras esperábamos al último pasajero. Imagina mi sorpresa cuando veo que quien va a ocupar el lugar junto a mí es el mismo hombre que se había ofrecido a quedarse, quien venía caminando alegremente por el pasillo moviendo las manos en el aire como Rocky Balboa. Todos reímos y volvimos a aplaudir.

Se sentó a mi lado.

"Hola, ¿qué me perdí?", pregunté. "¿Qué pasó?"

"Vaya, simplemente una suerte súper increíble", dijo riéndose. "En el último momento, una señora recibió una llamada para informarle que su gato se había escapado, y dejó su lugar para ir a buscarlo. Mientras tanto, la aerolínea decide recompensarme por ofrecerme. Así que me quedo con mis dos boletos gratis y aun así estaré en casa esta noche".

Realmente estaba contenta por él.

Pero cuando el Universo lo puso a mi lado, finalmente comprendí por qué mi cuerpo había estado jalándome a levantarme, contra toda lógica.

Simplemente yo no lo había escuchado".

Las señales de la marea

Y ellos, habiendo oído al rey, se fueron; y he aquí la estrella que habían visto en el oriente, iba delante de ellos, hasta que llegando, se puso sobre donde estaba el niño.

MATEO 2:9

He estado pensando en cómo seguir señales y presagios es algo central en mi vida. Dado que todos somos parte de un universo consciente, vivo y que respira, ¿por qué éste no habría de hablarnos y darnos dirección?

¿Por qué no nos mandaría mensajes y respuestas, si tan sólo abrimos la vía?

Para mí, entonces, funcionar sin la ayuda de señales sería como negarme a encender las luces de un cuarto oscuro. ¿Por qué tropezarse sobre los muebles cuando el Universo tiene los focos? Sin embargo, las personas pueden estar tan ocupadas intentando seguir una lógica sobreamplificada que no se dan cuenta de que pueden simplemente solicitar una señal.

El hecho de que los tres Reyes Magos hayan sido guiados en Navidad por una *estrella*, entre todas las cosas, pone en cuestión la noción fundamentalista de que la astrología es "del diablo". Pero por otro lado, la Biblia está llena de contradicciones.

Y en muchas culturas indígenas se considera que es precipitado e incluso irrespetuoso hacia la naturaleza avanzar sin haber recibido una señal apropiada.

Aquí una oración que yo he usado miles de veces al hacer decisiones. Sostengo un problema en mi corazón y digo internamente:

> *Por favor muéstrame tu Voluntad Divina en este asunto y mándame una señal clara que me indique la dirección correcta. Y si por alguna razón estoy por tomar el camino equivocado, por favor, te ruego que me detengas.*

El otoño pasado me dieron muchas ganas de estar en México para el cumpleaños de la Virgen de Guadalupe, el 12 de diciembre. Ella es una de esas deidades maravillosas que yo amo con toda mi polimorfa pasión. Sin embargo, si pensaba lógicamente, el viaje no tenía mucho sentido. Ya era Día de Acción de Gracias, demasiado tarde para planear un viaje rentable.

Entonces, pedí que se me enviara una señal. *Por favor muéstrame si tú quieres que vaya. Si así lo deseas, mándame una señal, y un milagro.*

Dos días después iba caminando por San Francisco y vi a un joven mexicano con una playera de la Virgen de Guadalupe. Nada típico, era casi como un camisón lleno de colores que le llegaba a las rodillas.

"¡Vaya!", dije, "¿de dónde sacaste *eso*?"

"Oh", me respondió, y miró la prenda. "La adoro. El año pasado me fui a casa para festejar su cumpleaños. Justo me había quedado sin trabajo así que fue como ese chiste que ponen en los *souvenirs*: todo lo que traje fue esta enorme playera".

Cuando reservé mi boleto esa tarde, todo fluía como en un sueño. Se desocupó un asiento de viajero frecuente en el último minuto. En cada lugar al que llamaba, desde al transporte para el aeropuerto hasta el hotel San Miguel Inn, me daban el último lugar.

Esto también le sucedió a mi clienta Gigi, de Massachusetts. Estaba decidiendo si iba o no a Savannah, en Georgia, una pequeña ciudad que no conocía, para visitar la escuela de artes. Invocó entonces al Orden Divino y pidió que se le enviara una señal.

Días más tarde, cuando había salido a cenar, escuchaba que una pareja que estaba a su lado repetía una y otra vez la palabra "Savannah". Pronto se enteró de que esta pareja vivía la mitad del año en un pueblo de Cape Cod, y la otra mitad en Savannah. La invitaron a que los visitara.

"Después de que el Universo pasó por todo el lío de traerlos", me dijo con una risita, "¿cómo podía *no* ir? Digo, ¿qué tan inesperado es *esto*?"

Vampiro psíquico a la vista

Hazles caso a tus primeras impresiones.
Casi nunca te llevarán en la dirección
equivocada.

ANÓNIMO

Mi primer maestro de metafísica solía dar siempre el mismo consejo: "Pon atención a cómo te sientes cuando estás con alguien. Y también a cómo te sientes cuando dejas de estar con esa persona. Pon atención. *No cuestiones tu respuesta.* Si te sientes mal, simplemente aléjate".

Mi amiga Jane me contó recientemente una historia. "Me invitaron a una celebración de Día de Acción de Gracias en la que la anfitriona era una mujer parlanchina y extravagante. Aunque tenía cierto carisma, mi instinto inmediato fue salir corriendo hacia las montañas. En serio. En el instante que entré en su casa, muy bonita y bien decorada, me sentí inexplicablemente nerviosa y con ganas de irme. Pero ignoré esta sensación, pensando: 'Qué tonta; si ella es encantadora y cautivadora. Debo estar *loca*. ¿Qué *me* pasa que siento esto?'"

Pero por supuesto, en la medida en que la noche avanzaba, la anfitriona se puso más y más borracha y habladora. Finalmente se movió hasta quedar junto a mi amiga. Al poco tiempo ya se le había pegado, como un parásito a un huésped, y no dejaba de hacerle comentarios perturbadores. Al final había logrado lanzar una nube de negatividad y duda en cada área de la vida de Jane, desde su relación amorosa hasta su trabajo. A cada momento, Jane se sentía más drenada de energía y más exhausta. Apenas pudo levantarse para salir tambaleándose por la puerta.

Jane dijo: "Una vez que logró poner sus tentáculos, literalmente no pude moverme. Estaba paralizada. Fue la cosa más sorprendente. ¿Alguna vez viste esos programas de National Geographic en los que un insecto paralizaba a su presa? Así es como me sentía. Parecía que sabía *exactamente* cómo crear los miedos más profundos".

Hizo una mueca. "Tuve que darme varios baños de sal Epsom para quitarme toda su energía tóxica y dejar de oír su voz en mi interior".

Le dije a Jane que había sido atacada por un vampiro psíquico.

Y uno de los peores.

Y pueden ser de las personas más encantadoras que hay por ahí.

Lo chistoso fue que su intuición lo *supo* desde el momento en que cruzó la puerta.

Pero la hizo a un lado.

El alivio de fluir

Simplemente siéntate ahí. No hagas nada. Sólo descansa. Pues separarse de Dios, del amor, es lo más difícil de este mundo.

HAFIZ

Mi amiga Caren, que vive en Carolina del Norte, me escribió para decirme: "De alguna manera en estas vacaciones ha ocurrido un cambio. Me muevo desde un lugar de paz y ausencia de esfuerzo, dejando que las cosas sucedan como quieran suceder".

Maravilloso pensamiento para una época del año en la que las personas suelen perder la cabeza y sentir miedo. Inmediatamente escribí esta frase. La mente receptiva e intuitiva absorbería el pensamiento aun cuando la mente crítica lo dispute.

La idea armoniza a la perfección con el Orden Divino. Si te alineas, en cualquier momento, con el flujo de vida tal como se presenta a sí mismo, todo aparecerá poco a poco de la mejor manera, en el mejor momento, con una incuestionable calma y espontaneidad.

Hace poco estaba formada en la cola de una tienda de abarrotes en Pacific Heights, comprando algunas cosas. Una señora mayor vestida elegantemente estaba parada detrás de mí con una actitud nerviosa y estresada, con sus brazos llenos de baguettes y queso brie. Sentí el impulso de dejarla pasar.

Cuando de pronto su rostro fue invadido por una radiante sonrisa, por un segundo logré entrever cómo quizá se veía cuando era una chiquilla sin preocupaciones. Mientras dejaba caer toda la comida en la banda de la caja me confesó lo agitada que se sentía cada año desde el Día de Acción de Gracias, y cómo deseaba poder ser diferente. "Siento que mantengo mi vida atada con seguritos hasta enero", confesó.

Le dije que hacía años yo había tomado la decisión de estar relajada durante las fiestas, sin importar lo que pasara.

"¡Dios mío!", exclamó como si le hubiera revelado que en realidad tenía tres cabezas. "¿Cómo diablos logras *eso*?"

"Bueno", le dije, "convierto a uno o dos pensamientos en mi ancla. Éste es el último".

Le dije lo que Caren me había dicho.

"Paz y ausencia de esfuerzo", reflexionó. "Oh, me *encanta*". Entonces rápidamente sacó su BlackBerry de su bolsa para escribirlo.

"Ya está", dijo. "Me lo acabo de mandar por correo". Y entonces se acercó y me dio un abrazo.

Mientras salía de la tienda con sus compras
su rostro se había abierto
como una rosa regalando sus pétalos al sol.
Algunas veces, simplemente no toma mucho esfuerzo.
El cambio más infinitesimal, más inesperado
puede modificarlo todo.

CAPÍTULO 8
En caso de duda, limpia

La antorcha del karma

Lo que resistes, persiste.

CARL JUNG

Julie mi clienta me llamaba una y otra vez porque estaba pasando un divorcio brutal e interminable. Ella decía que todo lo que quería era terminar con el asunto y nunca volver a ver al que pronto sería su ex esposo. Pero estaba obsesionada con él como una acosadora loca, incluso pasando por enfrente de su departamento por las noches para espiar por las ventanas. Constantemente canalizaba hacia él odio y resentimiento.

Le dije que su furia la mantenía atada kármicamente a él de la misma forma que cuando se casaron, volviendo incluso imposible la resolución del divorcio. Además, el enojo la mantenía atrapada en un círculo de llamas ardiente que bloqueaba todo bien, incluyendo una nueva pareja potencial. ¿Cómo podría entrar alguien sin sufrir quemaduras de tercer grado?

Es irónico que las emociones negativas nos encadenen a las personas de las que decimos que queremos separarnos. Crean la propensión a que los magneticemos de vuelta una vez más para otra ronda dentro del vínculo que seguimos estableciendo con ellos, ya sea en esta vida o en otra. O atraen a personas nuevas que son copias sorprendentemente cercanas de las anteriores.

Sabes, soy una pragmática espiritual auténtica. He perdonado en esta vida a muchas personas de tantas cosas malas simplemente para vivir en paz y feliz. No se trata de justificar los actos hirientes, *el perdón sencillamente te hace libre*. Es así de elemental.

※

Sin embargo, dejar ir no siempre sucede de forma automática, especialmente si el ego ha forjado una identidad basada en "todo lo que te han lastimado". Así que aquí te presento el plan que compartí con Julie. Te libera de todo tipo de lazos emocionales tóxicos, en particular del sufrimiento y de la ira.

Escribe una carta que no será enviada. Déjate decir absolutamente todo lo que has deseado decirle a esta persona. Escribe y escribe y escribe sin editar o limitarte. Insulta, grita, difama, maldice, lo que sea que necesites. No te detengas hasta que realmente no tengas más que decir. Julie escribió más de 30 páginas.

Quema la carta.

Date un baño con sales Epsom y siente mientras te bañas que todo lo negativo que te ata a esta persona está siendo lavado de tu cuerpo y de tu campo energético. Mientras el agua se va por el desagüe, imagínate que todo se va con ella. Si no tienes tina, puedes hacerlo en la regadera exfoliándote con las sales.

Quema salvia (o cualquier hierba que limpie, ya sea cedro o incienso o alguna otra). Haz que el humo vaya cubriendo todo tu cuerpo, de la cabeza a los pies, por delante y por detrás. Imagina que cualquier cordón psíquico que todavía te mantiene atado se va derritiendo. Son como cuerdas de energía que nos atan a las personas. Sentirás cómo se van.

Deshazte de cualquier foto, carta u objeto de la persona que encuentres en tu casa. Estos objetos guardan su *prana* psíquico o energía, lo que hace que sea más difícil liberarte. Incluso pueden restablecer cuerdas si no los dejas ir. Suéltalos.

Reza para que se logre un cierre. Pídele al Universo que te deje soltar totalmente este asunto. Pídele que te ayude a ser capaz de perdonar el pasado para poder entrar a un nuevo tiempo. Una versión de la oración puede ser: *Ahora, esta relación pertenece en su totalidad al Orden Divino. Está en manos de Dios, y estoy abierta a que acontezca un milagro para que termine. La situación se desarrolla ahora de la forma perfecta para el bien de todos. No debo tener miedo a soltar; mis necesidades siempre serán satisfechas.*

Manda bendiciones, y bendícete a ti mismo. Esto puede no ser fácil pero en realidad es lo *más* importante. Visualiza a cada uno de ustedes siguiendo con su vida. Debes estar dispuesto a visualizarlo en paz. Irónicamente, al mandarle bendiciones se rompe de una vez por todas el vínculo. (Y no tiene *nada* que ver con justificar que te hayan lastimado. Simplemente significa que, no obstante, lo bendices y has terminado.) Si te sientes atorado, puedes rezar para sentir la inclinación a hacer esto. Y llegará.

Julie sentía tal cantidad de ira con este chico que tuvo que repetir este proceso *tres veces completas* hasta que sintió que ya había terminado. Una semana después él le escribió, accediendo de repente a varias concesiones a las que se había estado resistiendo neciamente.

Su nuevo destino podía comenzar.

El vacío de energía

La naturaleza aborrece el vacío.

ARISTÓTELES

*En Estados Unidos las cosas están
vivas, pero la gente no tanto.*

MARÍA, MI AMIGA MEXICANA

Cuando doy clases sobre el Orden Divino, por lo general les sugiero a todos que pasen las primeras tres semanas limpiando su casa. Y sus coches. Incluso sus bolsas y sus carteras. Cuando las personas arreglan su desorden, el trabajo espiritual puede penetrar profundamente.

De hecho, durante mis primeros años de dar clases descubrí que el Orden Divino sencillamente no encontraba espacio para entrar *hasta que la gente le hacía espacio.* Cuando se liberaban de lo que *no* necesitaban, lo que *sí* necesitaban podía finalmente aparecer.

Así que cada persona tenía que crear un vacío intencional.

Recuerdo a Gina, una Cáncer doble, que era una acumuladora grave. Cada esquina de su pequeño departamento tenía una torre de revistas viejas. Sus clósets se desbordaban de ropa que no usaba, los cajones estaban llenos de notas arrugadas y cartas; pero sólo pensar en ordenar todo aquello la llenaba de tal pavor que casi deja el grupo.

Sin embargo, perseveró con valentía, invocando a lo Divino para que la ayudara. *Pidió que se le mostrara qué debía tirar y qué debía guardar.* Si hubiera confiado esta decisión a su ego, muy probablemente todavía tendría toda esa mohosa chatarra. La idea de dejar ir le causaba ataques reales de pánico, incluso cuando prácticamente vivía sepultada en su casa.

Al final del curso, la energía que había estado estancada durante años se había liberado. Algunos amigos se ofrecieron para ayudarla a sacar tres camiones de basura. Estaba impresionada por toda la ayuda que llegó una vez que se decidió a *dar el paso.*

La vida laboral y amorosa de esta mujer había estado congelada por tanto tiempo que parecía un cadáver. Pero pronto le llegó un trabajo nuevo e interesante, y una antigua novia a la que seguía queriendo regresó, lo cual fue algo sorprendente. Incluso Gina empezó de nuevo a hacer ejercicio, lo cual había dejado de hacer hacía años.

Una noche me llamó, eufórica: "Ahora lo entiendo. ¿Cómo habría podido llegar lo bueno a mi puerta, si estaba bloqueada por tanta basura?"

Recuerdo a otra mujer que tenía una rara alfombra turca bellísima que había dejado su ex esposo. A pesar de su belleza, cada día la acosaba con recuerdos de su tortuoso matrimonio. Solía decir: "Todo lo que me dejó ese desgraciado es una maldita alfombra".

Me reí y le sugerí que se deshiciera de ella. Cuando finalmente la vendió en una subasta, casi inmediatamente se llenó de un optimismo inexplicable. Tomó el dinero y se fue una semana a Hawaii. No podía creer que había guardado la bella y mísera alfombra tanto tiempo, junto a su cama, precisamente.

❈

Yo limpio mi espacio constantemente, pero tengo que admitir que deshacerme de los viejos videos de *Seinfeld* sí me causó una que otra punzada de dolor. Aunque creo que me sabía cada capítulo de memoria. Algunas veces cuando me sentaba a meditar, el capítulo en el que Jerry y Kramer meten cemento en su lavadora todavía pasaba por mi mente, después de todos estos años. Así que era evidente que ya habían servido para su elevado propósito espiritual.

Y si yo pude deshacerme del viejo *Seinfeld*, tú podrás dejar ir cualquier cosa. No tienes que soltar nada que uses, o le tengas cariño o necesites. *Sólo todo lo demás*. Tu intuición te mostrará qué tirar.

Por último, si estás enfrentando un dilema complicado, puedes ofrecer la limpia como ofrenda para que se resuelva. Recientemente estuve atorada en un viejo enojo y miedo, así que sencillamente me metí a la cocina y encontré un cajón desordenado. Ofrecí su rehabilitación a lo Divino, y dije que cuando el cajón estuviera ordenado, yo también lo estaría.

Media hora después, era libre.

Utilizas el espacio exterior que limpias como una plantilla para tu psique interior.

Y vuelves así una tarea aparentemente ordinaria en una ofrenda sagrada.

¿Arsénico en las rocas?

Corre, querido, de cualquier cosa o persona que no fortalezca tus preciosas alas en ciernes.

HAFIZ

Prende fuego a tu vida. Busca a aquellos que avivan tu flama.

MEVLANA RUMI

Me encanta ofrecer problemas a lo Divino para que puedan florecer soluciones inesperadas. En cierto sentido, acoger las intervenciones cósmicas es como plantar una plantita. Metes las raíces frágiles en la tierra y luego la fertilizas y la riegas para que florezca. Entre más la protejas, mejor crece.

¿Le pondrías arsénico a esa plantita para ver si sobrevive? ¿La dejarías al sol directo por una semana sólo como experimento?

Sin embargo, muy a menudo cuando estamos por ver surgir una nueva vida, seguimos amarrándonos a la negatividad y a los miedos de los demás. Nuestros nuevos pensamientos germinan y nuestra energía está por despertar. Debemos proteger y nutrir esta nueva vida. Es como poner una barda en tu jardín para que los mapaches no se coman tus lechugas.

Digamos que acabas de perder tu trabajo y estás siguiendo cada uno de los pasos espirituales de lo que he estado escribiendo. Llamas al Orden Divino. Dices que el nuevo trabajo perfecto ha sido ya elegido y llegará en el momento adecuado y de la forma adecuada. Si es necesario, metes tus preocupaciones sobre el futuro en una Caja de Dios. Te convences de que encontrarás el camino de migas de pan, que se te mostrarán los pasos a seguir. Te anclas a la Fuente Divina.

Pero mientras este proceso se está llevando a cabo, tú quieres *protegerlo*. No puedes permitirte al mismo tiempo ser negativo y tener miedo.

Necesitas tiempo para germinar.

❄

Hace un par de años, me tuvieron que quitar un ovario. Envolví todo el suceso en el Orden Divino, convencida de que el cirujano correcto ya había sido elegido y que todo iba a desarrollarse de la forma más grandiosa y pacífica. Y así fue, hasta dos días antes.

Recibí un mensaje de una conocida, ya tarde por la noche. Comenzaba diciendo que sólo me decía esto porque le importaba y me quería. Y entonces se lanzó a darme todo un recital de los peores desastres quirúrgicos del mundo, que podían suceder en mi cuerpo dentro de poco. Relató con deleite todo, desde alergias fatales a la anestesia hasta una historia particularmente fascinante de una chica que murió porque, por distracción, el cirujano le había dejado un bisturí en el colon.

Si no hubiera estado temblando de miedo, me habría muerto de risa.

Una hora después vi que había absorbido toda su energía. Me la sacudí con un baño de lavanda.

Por la mañana ya estaba tranquila. La cirugía salió bien.

Aprendí a no beber del veneno de otras personas, aun cuando me lo ofrezcan con "amor".

CAPÍTULO 9
Los objetos en el espejo están más cerca de lo que aparentan

No te preocupes, bendice

Preocuparse es como echarle queroseno al fuego.

S<small>UKI</small> J<small>AMES</small>

A menudo, durante una sesión, la gente me dice que está preocupada por alguien. Tal vez un hijo, un padre o un amigo con alguna enfermedad o problema de dinero. Dicen que pasan el día preocupados por esta persona porque la quieren incondicionalmente.

Pero si una persona te importa, al preocuparte por ella les estás enviando el peor tipo de energía. La preocupación transmite directamente miedo y condicionamiento, ya que por lo general imaginamos los peores resultados posibles a la situación en la que se encuentran las personas. Así que aunque sea bienintencionado, las preocupaciones envuelven la energía del pobre destinatario con una vibra negativa. Imagina un sobre de correo negro con el mensaje:

"Estoy pensando en ti", y lleno de fango, moho y algunos huesos de cráneos.

Eso causa preocupación.

Es fácil, en vez de eso, aprender a mandar bendiciones en cuanto nos empecemos a preocupar. Imagina a la persona rodeada de luz y felicidad, en paz y satisfecha. Hazlo cada día. Es el regalo más útil que puedes ofrecer mentalmente a *cualquiera* que quieras.

Me llamó una mujer que estaba muy asustada por el primer embarazo de su hija. Cada noche no podía dormir imaginando todos los posibles desastres. Su imaginación iba a toda velocidad: "¿Y si su hija se tropezaba y se caía de las escaleras en su último trimestre?", ¿Y si el bebé era prematuro?, "¿Y sí algún día odiaba a su abuela?"

Yo sabía que ella y su hija eran muy cercanas, por lo cual también sabía que la hija estaba recibiendo toda esta energía aún *más* directamente. E imagina lo que estaba recibiendo el feto. El pequeño ser pensaba: "Oye, ¿qué me están mandando todos ustedes allá fuera? Yo sólo estoy aquí adentro flotando en felicidad amniótica. ¿Qué les pasa?"

Entonces, convencí a mi clienta de que mandara bendiciones.

Me llegó después un correo electrónico suyo. Había organizado un círculo de amigos y familia que todas las noches se llamaban y le mandaban mentalmente luz a su hija. Rodearon el nacimiento con paz y felicidad.

La hija comenzó a sentirse animada; el día del nacimiento todo salió bien.

Los cínicos podrán decir que de todas maneras hubiera salido bien, pero ¿qué importa? ¿Por qué hacer que tus seres

queridos tengan que palear todo el miedo que les están mandando sin intención?

Y si piensas que no tienes *tiempo* para bendecir a alguien,
considera todo el tiempo que te roba preocuparte. La angustia
puede implicar una entrega de tiempo completo enfocando
tu mente obsesivamente sólo en ella. Aprender a cambiar de
preocupación a bendición toma tiempo.

Así que, bendice.

A tus seres queridos, a los desconocidos, a los enemigos, a
los animales y al planeta.

Y, por supuesto, a ti.

Meditación *metta*: dicha al mundo

El origen de tus problemas se desvanece
cuando amas a los demás.

Enseñanza budista

Om mani padme hum.

Mantra de Chenrezig,
Buda de la compasión.

Me encanta la práctica de la *metta*: sencillamente enviar amor y bondad a ti misma y a los demás, incluyendo a aquellos que son difíciles. Desde hace tiempo he querido escribir sobre ello, y ayer, cuando iba atravesando el puente Golden Gate, una camioneta azul turquesa decorada con imágenes de Buda pasó delante de mí. Una genuina camioneta *metta*.

Total inspiración.

Para practicarla, sólo siéntate en silencio y sigue tu respiración. Luego comienza a verter paz, amor y perdón, primero hacia ti mismo. Bendícete a ti mismo y a todos aquellos a quienes internamente puedes estar culpando. Luego pasa a tus seres queridos, luego a aquéllos con los que tienes problemas y finalmente vas abarcando al mundo entero.

También utilizo la *metta* para cosas específicas. En una ocasión estaba atravesando un momento amorosamente difícil en una relación. Así que enfoqué todas mis bendiciones en todos aquellos en el mundo que también estaban pasando por lo mismo. Puedes sentirte psíquicamente conectado a todos los que están sintiendo lo mismo fácilmente y mandarles tu amor.

Todo el mundo se abre frente a ti.

De pronto dejas de ser un alma solitaria luchando aislada; ahora eres uno con la humanidad. Y mientras mandas bendiciones, te conviertes en un conducto Divino. Inmediatamente te enchufas de nuevo a Dios como tu abundante Fuente.

Necesitaba enviar una caja por correo. La fila en la oficina de correos salía por la puerta, e incluso en la máquina de los timbres había fila. Sentía cómo la agitación de la gente se iba elevando como humo negro. Era difícil no empezar a sentirse igual.

Entonces, recordé la *metta*. Me enfoqué en mi respiración y comencé a mandar amor a la parte frustrada de mi

ser que se encontraba atrapada en el limbo infernal de los correos. Mi cuerpo se relajó y me fui calmando. Luego empecé
a mandarles bendiciones, amor, felicidad y plenitud a todos
los demás en la fila. A los pocos momentos llegó un regalo
inesperado.

La fila estaba detenida porque unos extranjeros que no ha-
blaban inglés no entendían cómo funcionaba la máquina. De
pronto llegó alguien a traducirles y la fila comenzó a moverse. La gente comenzó a reírse y a conversar aliviados.

Por supuesto, cuando usas la *metta* no siempre aparece
una respuesta así de inmediata, pero anima cualquier situación. Si un milagro debe suceder, no puede menos que ayudar a allanar el camino.

Aún más importante, nunca sabes cuán desesperadamente alguien —quizá el extraño que está parado a tu lado, con
rostro cansado y atormentado— necesita *justo* lo que tú le
mandas.

La muerte se vuelve mujer

Todo aquello que es forzado a manifes-
tarse a través de una voluntad personal
es siempre "ilícito".

FLORENCE SCOVEL SHINN

Uno de mis libros favoritos es uno aparentemente sencillo llamado *El juego de la vida y cómo jugarlo*, escrito
por Florence Scovell Shinn, una metafísica neoyorquina de
los años cuarenta que escribe con un estilo directo que te
deja desarmado. Me encantó inmediatamente. Compartía los
principios básicos del Orden y la Selección Divina con una
claridad sin precedentes.

Descubrir este texto me cambió de la noche a la mañana.
Comencé a darme cuenta cómo cualquiera podía aprender
a bailar con la vida si la mente se mantiene positiva y receptiva. Este libro de título chistoso y anticuado se convirtió en
mi biblia.

Shinn relata la historia de una señora que deseaba cierta casa. Cada día se visualizaba en ella, completamente encantada. Cuando por fin murió la dueña de una enfermedad fulminante, la mujer compró el lugar, feliz de que su sueño se hubiera vuelto realidad.

Sin embargo, desde el instante en que puso un pie adentro, una pesadilla comenzó a suceder, incluyendo la muerte inesperada de su pareja. Un día le preguntó a Shinn si ella había causado de alguna forma, mediante su obsesión, la muerte de la dueña anterior. Shinn le respondió: "Es muy posible. Tu determinación para tener lo que deseabas era tan fuerte que ayudaste a que la mujer 'se fuera'. Ahora estás cosechando el fruto".

Y continuaba: "Hubiera sido mejor que llamaras al Orden Divino y dijeras: *Muéstrame la casa que es correcta para mí. Que el Orden Divino escoja el lugar perfecto para que yo viva.*'"

⁂

Bueno, la historia me sacó un buen susto. Podía intuir su verdad esencial. Mis propios vínculos intensos a menudo me habían causado resultados dolorosos y caóticos; por suerte ya estaba agotada. El libro de Florence había llegado a salvarme inesperadamente.

En vez de estar cazando resultados ciegamente, ella me enseñó a pedir en mi interior: *Deja que las cosas sucedan como es su destino, de la mejor manera para todos los involucrados.*

Si le pides al Universo que te traiga lo que te corresponde, no puede fallarte. He observado en miles de lecturas cómo

los problemas siguen inevitablemente cuando alguien intenta tomar posesión de algo que no es suyo. Incluso la palabra
desastre significa "ir en contra de las estrellas".

*Pero el Orden Divino siempre va a darte lo solución correc-
ta en el momento indicado.* Aprenderás a relajarte y a seguir
la ruta ordenada cósmicamente cuando aparezca.

No se te va a pasar.

Salte del basurero cósmico

Al igual que cualquier otra persona en todo el Universo, tú mismo mereces tu propio amor y cariño.

BUDA

En tu cabeza hay toda una canasta de pan fresco, y sin embargo, vas de puerta en puerta mendigando pan duro.

RUMI

A finales de los años ochenta pasé por un periodo desgarrador cuando mi sistema endócrino empezó a fallar y agotarse. Durante tres años pasé la mayor parte del tiempo acostada boca arriba, sumida en la desesperación. Después de un año, la medicina alópata admitió su incapacidad para ayudarme y los médicos me sugirieron con amabilidad que buscara creativamente formas de hacer mi vida desde la cama. "Todavía eres lista, lo sabes", me dijo mi médico en aquel entonces. "Y sólo tienes treinta años. ¿No podrías tomar toda esta situación de forma positiva, como un nuevo capítulo de tu vida y empezar a, por ejemplo, tejer bolsas para yoga?"

Ni siquiera sospechaba que con el tiempo aparecería de la nada una excelente acupunturista y cambiaría por completo la situación.

Pero algo sucedió un mes antes de que ella apareciera.

En cierto sentido pienso que ése fue el acontecimiento que *le permitió* aparecer.

Yo vivía en un pequeño estudio en un edificio en el distrito Richmond de San Francisco. Era un cuarto deprimente con un pequeño refrigerador y un baño; no podía pagar más. En mi estado de enfermedad y abatimiento, había pasado de estar rodeada de prístina belleza a casi no lavar ni mi ropa. "¿Para qué hacerlo?", pensaba. "Sólo estoy en este lugar esperando morir".

En el sótano del edificio había un depósito para la basura de la gente. Una vez a la semana bajaba a dejar todas las cajas de la comida china que pedía a domicilio para subsistir.

Pero un día, la basura sacudió mi vida.

Apoyado en el basurero había un póster enorme completamente nuevo de las deidades hindúes Lakshmi, Ganesh y Saraswati en todo su resplandeciente y vibrante esplendor. Sus exuberantes siluetas resplandecían en brillantina dorada.

Bueno, pues resulta que yo tenía una larga, larga historia con ellos. Habían decorado mis departamentos hasta que me había enfermado; eran mis cuates del alma más antiguos. Solía traer sus fotos en mi cartera, así como alguna gente trae a sus hijos. Pero cuando mi vida empezó a caer en ese abismo de pesadilla, había cerrado con fuerza la puerta de mi corazón y, enojada, les había dicho adiós. Al haber hecho varias lecturas a personas que se sentían abandonadas por Dios, por supuesto que sabía algo sobre la traición espiritual.

A pesar de todo, ahí estaba toda la tan querida pandilla cósmica, sonriendo extraña y pacientemente en mi sótano, aún envuelta en brillante celofán. Esperando. La suave y dulce mirada de Ganesh me atraía como un imán.

Aún en mi enloquecida desesperación, pude reconocer una señal extraordinaria al verla. Durante esta oscura noche, había sido yo misma la que me había tirado a la basura, abandonando toda esperanza de que el Universo tuviera un plan inimaginable para mí. Había perdido toda conciencia de mí como sagrada o incluso lo suficiente *valiosa* como para recibir ayuda.

Con cuidado subí el póster a mi casa y lo puse en la blanca pared vacía sobre mi cama. Por primera vez en meses, limpié a fondo el departamento y prendí incienso de sándalo. Luego caminé una cuadra hasta una lavandería y pasé un largo rato poniendo lavadoras.

Al día siguiente me fui caminando a cortar el cabello. Le dije a mi cuerpo que lamentaba su sufrimiento y le ofrecí mi ayuda.

Había comenzado mi recuperación.

CAPÍTULO 10
Sé dueño de tu poder (o alguien más lo será)

No es nada personal

> *El amor y la compasión son necesidades, no lujos. Sin ellos, la humanidad no puede sobrevivir.*
>
> DALÁI LAMA

Quizás es porque nací con Neptuno en el ascendente, pero nunca he logrado comprender cómo meter todo de manera eficiente en las bandejas de seguridad de los aeropuertos. Me impresiona la gente que tranquilamente se quita un par de cosas y pasan con toda facilidad. Por lo general yo traigo seis capas de ropa, un chal, una laptop, un bolso, la obligatoria bolsa de plástico Ziploc para líquidos con la mitad de las botellas derramándose y anillos en cada dedo que activan las alarmas. Incluso cuando me preparo desde antes, sigue pareciendo que necesito siete bandejas y más tiempo que una mamá con gemelos.

Así que para este último viaje a Nueva York, innové. Me salí de la fila, organicé todas mis cosas y le pregunté a una señora si me podía volver a integrar a la fila. Hice una broma de que estaba intentando probar un plan nuevo.

De pronto, su cara se volvió una oscura máscara de odio. Luego gritó: "¡Mire, señora, no me importa su maldita historia; sólo vuélvase a formar!" Empezó a quejarse de mi evidente estupidez en una estridente voz con cualquiera que la quisiera escuchar.

El espectáculo era fascinante.

Su reacción fue tan torrencial e inesperada que me quedé sin aliento.

Después pensé en cómo habría reaccionado yo en el pasado.

Hace años, aún viviendo a merced de mi naturaleza sensible, seguramente habría estallado en lágrimas, me habría alejado enfurruñada como una niña castigada y me habría metido disculpándome de nuevo a la fila junto a otra persona.

Diez años después, quizá me habría puesto igual que ella, devolviéndole su ira como una pelota de tenis tóxica y mandándola al diablo. Una extraña forma de progreso.

Pero ahí estaba por abrirse la Puerta Número Tres.

Mientras me atacaba, una sensación comenzó a despertarse en mí: "Vaya, esta pobre mujer perturbada. Apenas podrá llegar al fin del día. Esto no tiene nada que ver conmigo".

Le sonreí y me volví a meter en la fila. Parada no lejos de ella, podía sentir la intensidad de su explosión. Tuve la abrumadora sensación de que nunca nadie la había escuchado, que su propia voz nunca se había oído. Con razón estaba tan enojada.

Todo lo que podía sentir era: "Ésta es la forma en que ella

habla consigo misma. Así es como ha sido tratada". Recordé que algo de eso había pasado en mi infancia. "Lo que pasa es que ella nunca supo que podía cambiar interiormente".

Olas de compasión empezaron a formarse mientras yo le mandaba mentalmente buenos pensamientos. Luego no pude aguantarme unas risitas cuando la pasé avanzando en la fila.

Con todo lo que había intentado prepararme, el caos había vuelto a encontrarme en el aeropuerto.

Libera al rehén psíquico

*Pensar por uno mismo es una oportuni-
dad para ser considerado.*

YUKI TOMO

A veces entregamos nuestras vidas, no a un Poder superior a nosotros, sino a un dictador accidental e insig-
nificante. Entonces vivimos como sonámbulos funcionando
como sus títeres psíquicos, incluso cuando ya ni siquiera está
cerca para mover los hilos.

He tenido clientes que han pasado la mitad de sus vidas en
terapia intentando comprender el control que alguno de sus
padres mantiene sobre su psique, pero nunca cortan la cuer-
da realmente. No hay nada más conmovedor que una persona en sus treinta, cuarenta o más que todavía es un miserable
esclavo de su pasado.

Aunque mi propio padre tiene un enorme y generoso corazón y un fabuloso sentido del humor, cuando yo era joven
era también bastante exigente. *Nada* era suficiente. Y aunque
creo que lo escogí como un alma con la cual resolver ciertos

karmas, ya siendo adulta no pude librarme completamente de lo que parecía ser su constante voz crítica. Dado que lo quería tanto, una parte de mí permanecía siendo su hija obediente pero siempre decepcionante.

Entonces, hace algunos meses me dio un tremendo bloqueo de escritor. Estaba por entregar un proyecto. Así que un día, ya desesperada, me puse a rezar: "Por favor, por favor, deja de estorbarme, necesito mi propia voz. Necesito ser suficiente tal como soy".

Lo siguiente que supe fue que estaba caminando hacia el mar y llevaba conmigo una carta que mi papá me había escrito hacía tiempo. Lo que decía en la carta me seguía lastimando profundamente; quizá ésa no había sido su intención, pero eso ya no importaba. Honestamente, en ese momento yo no sabía qué tanto me lastimaba por lo que decía y qué tanto ya era sólo mi arraigada forma de reaccionar.

Pasé a la tienda para comprar un coco y unas flores. Estaba lista para hacer un ritual hindú que había ya realizado en otras ocasiones.

Era tiempo de ofrendar a lo Divino todo este asunto, de una vez por todas. Medité durante un largo rato, vertiendo cada pensamiento y sentimiento frustrante dentro del coco que tenía en mi regazo. Luego me paré y lo estrellé contra la pared, observando cómo el agua explotaba como una granada psíquica.

Ahora necesitaba quemar la carta, pero el viento soplaba tan fuerte que mi encendedor resultaba inútil. Increíblemente, a pocos pasos vi a dos chicos empezando a encender una fogata enorme. "¿Estoy soñando?", pensé. "¿En Ocean Beach a mitad del día?"

Me acerqué y les expliqué mi situación. "¡Cuidado! El calor está bravo", me advirtió uno de los jóvenes. "¿Quieres que yo la aviente para que no te vayas a quemar?" "¡No!", grité con el aire azotando mi cabello. "Yo soy la hija, ¡yo tengo que hacerlo!"

Tomé una rama larga para meter el papel en las alborotadas flamas anaranjadas. Mientras las hojas se iban convirtiendo en flotante ceniza gris, los chicos me felicitaron, gritando: "¡Eres libre, mujer, eres libre!" Brindaron con sus Heinekens mientras uno incluso se puso a hacer un pequeño baile de victoria.

Más tarde, dejé un sendero de orquídeas moradas a la orilla del agua, agradeciendo, sobre todo, a mi amado y temible papá. Mi propia naturaleza salvaje y apasionada la heredé directamente de él.

¿Sabes?, llega un punto en el que eres tú quien tiene que liberar al rehén interior.

Nadie más puede abrir las puertas.

Sólo tú puedes finalmente saltar las barricadas y simplemente… liberarte.

Sobre aquellos amigos
que disfrutan de tu sufrimiento

*Las personas que han soltado sus sue-
ños a veces tienen ganas de ayudarte a
soltar los tuyos.*

ANÓNIMO

Le hice una lectura a una diseñadora llamada Patty que vive cerca del lago Míchigan. Ella me contó de su "amiga en las malas".

"¿Sabes cómo hay gente que habla de sus amigos en las buenas?" me preguntó. "¿Aquellos que sólo se acercan cuando las cosas van bien? Pues bueno, amiga, yo tenía *lo opuesto*. Una de mis mejores amigas, Mary, parecía siempre disfrutar y gozar cuando algo desastroso me pasaba. Siempre que estuviera pasando por una crisis financiera, un rompimiento amoroso o un problema de salud, estaba ahí para apoyarme. Me escuchaba pacientemente, asentía empáticamente y cacareaba sobre lo mal que se sentía por mí. Hace algunos años, cuando mi prometido me dejó la misma semana en la que me rompí la mano, Mary estaba realmente radiante. Me ayudó con absolutamente todo, todo el tiempo asombrándose por lo que pasaba en mi vida. Decía entusiasmada: 'Oh, querida, realmente tienes el *peor* karma. Simplemente no sé cómo has *sobrevivido*'. Yo quería matarla. Y luego me sentía culpable porque ella me estaba rescatando".

"El pago por la ayuda era bastante alto", exclamó Patty con una larga exhalación. "Pero este año he realizado muchos cambios. He comenzado a apoyarme en el Orden Divino, en el yoga, en afirmaciones, en todo lo que puedo. Las cosas están floreciendo. Y, para serte honesta, Mary está *enojadísima*".

La entendí perfectamente. Aunque no quieres amigos con los que no puedas contar cuando estás en problemas, tampoco necesitas a alguien que se sienta amenazado por tu felicidad.

Sin embargo, si las personas no confían en que en sus vidas también están destinadas a recibir cosas buenas, estarán celosas de lo que tú tengas. Creerán que hay sólo cierta cantidad de abundancia en el Banco Universal, y piensan que si tú recibes la tuya, entonces ellos recibirán menos. Pero eso es una completa locura. Es pensar con base en la escasez, el miedo y la carencia.

Lo cierto es que, mientras más feliz, contento y más genuinamente satisfecho te sientas, más tienes para dar. Nos pasa a todos.

Había algo que mi primer entrenador psíquico repetía mucho. Decía: "No puedes saber si una persona te hace bien o te hace mal cuando estás cerca de ella. Pero una vez que te alejas, observa cómo te sientes. ¿Te llenó? ¿Te vació? Si constantemente te sientes exhausto, confía *en lo que sientes*. Entonces aléjate y deja de frecuentarla. Bendícela y déjala ir".

Deja de hacerte la víctima

*La venganza es como tomar tu veneno
y esperar que el otro se muera.*

CARRIE FISHER

*La única belleza real es la autoacep-
tación.*

MEGAN FOX

Le hice una lectura a Patrice, quien estaba pasando por un drama amoroso de ésos que son casi un cliché aburrido. Con cincuenta años, Ed, su esposo durante casi 20 años, la acababa de "abandonar" por una mujer mucho más joven. Me llamó llorando como un tigre herido, llena de indignación y dolor.

También estaba consumida por el odio hacia la chica más joven. Pasaba la mayor parte del tiempo furiosa, convencida de que si "esa cualquiera no se hubiera ligado a su hombre", todo seguiría bien. Y aunque Patrice es una profesora de pilates que está en una increíble forma, se sentía anciana comparada con su archienemiga.

Yo no sabía ni por dónde comenzar.

Primero, admití que aunque comprendía su sufrimiento, simplemente no creía en el rechazo o la competencia. En el reino psíquico, ambos son espejismos. Si te anclas en la Fuente Divina, *lo que deba venir a ti siempre llegará, sin que los demás importen.*

(Dicho sea de paso, no ignoro el sexismo y la discriminación por edad que permea nuestra cultura y es el combustible de dichas sagas; pero todos pueden aprender a mantener su energía separada de estos temas. En otras palabras, *no te compres la mentira.*)

Mientras analizábamos juntas su carta astral, surgió una historia muy distinta a la que ella contaba. El matrimonio estaba casi muerto desde hacía 7 años, indicado por el último cuadrante de Saturno. Al principio Patrice se quedó en silencio, y luego aceptó en voz baja que esto era cierto. Aunque ella y su esposo trabajaban tiempo completo y no tenían hijos, ella todavía se encargaba de todo en la casa, sintiéndose como una mezcla de sirvienta, secretaria y nana. Además de todo eso, nunca conversaban.

Todos los días fantaseaba con dejarlo.

"¡Pues se te cumplió tu deseo!", le dije. "Esto no tiene nada que ver con que te lo robara una chica. Nadie puede robarse a una persona, a menos que sea una banda de secuestradores clandestinos internacionales o algo así. ¿Pertenecía ella a una banda semejante?"

"No que yo sepa", dijo Patrice riéndose. "Pero *yo* quería ser quien lo dejara. Y *yo* quería encontrar a alguien primero, no que él lo hiciera".

Así que en realidad había sido muy infeliz durante años con un tipo que tenía sus romances mientras ella limpiaba el baño en sus días libres.

Lo había deseado por mucho tiempo, y finalmente el Universo le dio las llaves de su celda.

"Un día", le dije sonriendo, "deberías mandarle a tu remplazo una carta de agradecimiento. En serio. Quizá ahora ella termine lavando la maldita tina mientras tú pasarás tus fines de semana libre subiendo el Monte Tam".

Reconozco que Patrice es una neoyorquina apasionada que aprende rápido. Como varios Leo, una vez que lo supera, realmente lo supera. Soltó su historia de víctima como si fuera carbón ardiente. Dejó de decir que la habían abandonado y decidió que estaba agradecida por haber sido liberada.

Además, dejó de compararse con la Otra, pretendiendo que era bella así como es.

"Si pretendes por un tiempo, a final de cuentas se vuelve realidad", le prometí. "El nivel receptivo de tu mente intuitiva cree lo que tú le dices. Es maleable y plástico, y escucha cada palabra. ¡Cuidado con lo que le dices!"

Después de un tiempo, me escribió para contarme que ya había conocido a alguien nuevo.

"Y mira esto", escribió. "Poco después de que nos conocimos él me dijo: '¿Sabes lo difícil que es encontrar a una mujer que se guste tal como *es*? Tú irradias eso'".

¿Por qué otorgarle tu poder a un astrólogo (o a cualquier persona)?

> *La iluminación implica aprender a pararte por ti mismo.*
>
> ADYASHANTI
>
> *Cuando toques a la puerta, pregunta por Dios... no por ninguno de sus sedicentes intermediarios.*
>
> THOREAU

Algunos días mi vida laboral es una contradicción andante. Cuando no estoy dando clases o escribiendo, hago lecturas (prácticamente las hago desde que era una adolescente). Sin embargo, me río por ser "la psíquica renuente".

No me malinterpretes, por lo general disfruto mi trabajo. Me gusta ser una segunda opinión confiable para la intuición de las personas. Pero siempre me ha causado gran tristeza ver cómo algunas personas están listas para entregarle a alguien más, a quien sea, su propio poder. Algunos desearían que un astrólogo decidiera todo por ellos.

Sin embargo, una buena psíquica nunca cae. Su trabajo es ayudar a las personas a encontrar el camino razonable y a conocer los riesgos y las lecciones del recorrido. Les ayuda a que articulen lo que sienten intuitivamente con los consejos.

Además, ninguna predicción puede ser cien por ciento exacta. Nuestro futuro es lo que el sánscrito llama el *karma parabhda*, el destino corporal combinado con lo que cada uno de nosotros crea a través de la evolución de nuestras acciones y pensamientos. La clave es aprender a mantener nuestras vibraciones elevadas y positivas. Construimos nuestro futuro cada día, pues la vida es una mezcla de destino y libre albedrío, con una pizca de misterio que nunca puede leerse completamente.

En una buena lectura, se te otorga poder; no eres una víctima temblorosa de las predicciones. Tus intuiciones más profundas son confirmadas mientras tu cuerpo va sintiendo la pertinencia de lo que estás escuchando. Aunque definitivamente existen buenos astrólogos por ahí, hay unos de los que es mejor alejarse. Se benefician de crear preocupaciones y dependencia. Llenan sus cuentas de banco con la moneda del miedo.

En cualquier caso, a menudo creo que el siguiente paso "correcto" en un dilema es invocar al Orden Divino. Mi verdadera pasión es ayudar a que los demás se alineen con lo Divino.

❈

Durante años les he realizado lecturas a Elaine y Zelda, una de las primeras parejas del mismo sexo que se casaron en Los

Ángeles. Las cartas astrológicas de ambas denotan poder y determinación, por lo que sin duda de pronto tienen sus enfrentamientos. Sin embargo, cuanto más ofrecen su unión a lo Divino, mejor les va.

Elaine me escribió alarmada diciendo que una psíquica le había asegurado que sólo estarían juntas dos años más. Le pregunté: "¿Por qué razón alguien prediciría eso? Acaban de tener un bebé juntas, por Dios. ¿Por qué crear pensamientos tan feos?"

Además, nunca sabes si una adivinación de éstas no va a crear lo mismo que predice. Calmé a Elaine insistiendo en que si evocaban al Orden Divino, estarían juntas el tiempo indicado por el karma. No tenía que preocuparse.

Al diablo con la adivinación.

Lo mismo le sucedió a Dave, mi amigo, quien estaba saliendo con un tipo que le gustaba, mientras se conocían poco a poco. Entonces un astrólogo, sin haberle pedido su opinión, le compartió que el novio actual no era el indicado para él, y que uno nuevo llegaría más adelante. De pronto Dave perdió todo enfoque en la relación, pues las palabras del psíquico le daban vueltas en la cabeza como una estación de radio mutante vuelta loca. Yo le enseñé cómo sacárselas de la cabeza.

Un buen maestro puede ser un invaluable *sherpa* en las montañas, indicándote qué senderos son mejores y ayudándote a encontrar tu camino.

Uno malo puede guiarte directamente al siguiente precipicio.

No sigas ciegamente a nadie.

En tu interior encontrarás las respuestas.

CAPÍTULO 11
Destino romántico

Casarse con Kali

El corazón no elige.

COLETTE

Pero puede que sea un loco al que estás buscando.

BILLY JOEL

Quizá porque todavía se leen por ahí libros enmohecidos de los años cincuenta como *Las Reglas para conquistar a Mr. Perfect*, me llaman muchas mujeres con miedo respecto de sus relaciones. Incluso algunas que en todos los demás aspectos de su vida son fuertes y capaces todavía me preguntan cosas como: "¿Dije demasiado?", "¿Debí haber sido más tímida?" o "¿Por qué no fui más relajada?"

Sin embargo, las fuerzas del karma no necesitan manipulación. Después de todas las lecturas que he realizado a todo tipo de gente, hay una cosa segura: si estás destinado a estar con una persona, *nada* podrá detenerlo. No será necesario que la ates, o la engañes o la drogues para que te ame. Esos libros que dejan aterrorizadas a las mujeres por ser ellas mismas son al mismo tiempo trágicos y graciosísimos.

Una maestra psíquica mía solía decir: "El karma es como un tren. Cuando se detiene, es casi imposible no subirse. Y, por lo mismo, imposible no *quedarse* arriba hasta la última parada. Para bien o para mal".

Pues he aquí mi demostración.

Un tipo de nombre Eli me llamó diciendo que acababa de volver con su ex, Elsa. Enloquecido de felicidad, quería que yo revisara sus cartas astrales para ver qué fechas eran buenas para la boda. De pronto, recordé la primera lectura que le había hecho un año antes.

"¡Espera un momento!", le grité, pegándome con la mano en la cabeza. "¿No fue ella la loca que tiró toda tu ropa? Me llamaste en tu bata de baño, ¿recuerdas? ¡Me habías dicho que ibas a sacar una orden de alejamiento!"

Eli me recordó riendo que una noche habían tenido una gran pelea y que él se había ido de viaje de trabajo al siguiente día. Mientras él no estaba, Elsa, una artista-Aries-con-luna-en-Leo-y-la-total-encarnación-de-Kali (si es que existe tal), seguía enojadísima.

Así que tomó toda su ropa, zapatos, sombreros —incluso su chamarra clásica de motociclista— y vendió todo en Crossroads Trading. (Nada de donaciones de buena voluntad de esta dinamita de mujer. Encima de todo, iba a ganar algunos dólares.)

Luego tomó el dinero y se mudó.

Durante una semana, él tuvo que irse a trabajar en pantalones y chanclas a la empresa de tecnologías de información en la que laboraba, hasta que tuvo el tiempo de ir a comprarse nuevos trapos.

Sin embargo, ahora habían vuelto y planeaban casarse.

"Sabes", me confesó, "ella es un genio creativo. Y sí, es una completa maniática. Pero es *mi* maniática. ¿Ya te dije que el próximo mes va a inaugurar una nueva exposición en Potrero? Te mandaré la invitación. La verdad, me moriría de aburrimiento con cualquier otra mujer".

Hace poco escribió diciendo que la unión permanece "dichosamente tempestuosa".

¿Y qué puede uno esperar si decides casarte con Kali?

Así funciona el karma. Cuando algo es lo correcto, las vidas pasadas esculpen patrones de familiaridad energética y reconocimiento. Una plantilla forjada en fuegos del pasado de pronto vuelve a hacer clic. Sencillamente la gente encaja.

El yiddish tiene una buena palabra para esta resonancia, *bashert*. Estar predestinado.

Puedes relajarte y ser tú misma.

Si es *bashert*, no necesitas portarte "bien". No estás en una audición para una obra de Broadway.

Y si no, bueno, probablemente te has salvado de *muchos* problemas.

Di lo que realmente piensas

*En una habitación donde la gente man-
tiene unánimemente una conspiración
de silencio, una palabra verdadera suena como un disparo.*

CZESLAW MILOSZ

Cíclicamente ocurren cuatro eras, o yugas, en el calenda-
rio hindú. En este momento estamos en la última y más
corrupta era, Kali Yuga, gobernada por esta muy difamada e
incomprendida Diosa de la Muerte y la Transformación.

Las escrituras nos dicen que en esta era, pocas palabras
coincidirán con las acciones de las personas. O dicho de otra
forma, las personas van a mentir. Mucho.

Entre ellas, y a menudo, a *sí mismas*.

Así que en este momento tiene mucho poder el sostener
nuestra palabra.

Hacer lo que decimos y decir lo que pensamos.

❄

Un tipo carismático llamado Greg alguna vez me llamó para una lectura. Estaba comprometido con dos mujeres diferentes en Denver, donde vivía, y muy deseoso de que ambas pensaran que él era "el indicado".

"Escucha", me dijo, "en este momento tengo la situación *perfecta* y definitivamente NO PUEDO arruinarla".

Una de las mujeres era intelectual e inspiradora; la otra, bueno, sólo muy sexy. No quería arriesgarse a perder a ninguna.

Sin embargo, el caos y el engaño ya lo habían agotado. Después de meses de malabarismos, finalmente chocaron una con otra.

Greg admitió: "Y entonces con el tiempo *ambas* mujeres mandaron mi mentiroso trasero a la goma".

Le explique cómo el evocar al Orden Divino hace mucho más fácil sólo decir la verdad. Podría decir algo como:

> *La pareja perfecta ha sido ya elegida. Llegará en el momento correcto de la manera adecuada. Esa persona ha sido ya elegida y en su momento llegará.*

No era necesario que mintiera y manipulara por miedo a perder. Lo que estuviera predestinado para él sucedería.

Greg me escribió diciendo que obedientemente había estado llamando a esta energía a su vida personal desde que habíamos platicado. Finalmente estaba feliz saliendo con alguien que tenía las mejores cualidades de *ambas* mujeres que lo habían dejado.

Mara, otra clienta, me contó que su relación se había terminado hacía años, pero insistía en que no podía herir a su novio diciéndole la verdad. Estaba segura de que él no sabía cómo manejarlo; pero le dije que a menudo sucede justo *lo contrario*. Al permanecer en una relación que ella sabía que ya había terminado, castigaba a su novio al no dejarlo seguir con su vida. Realmente le estaba *impidiendo* conocer a alguien con quien pudiera ser feliz.

Aunque muchos de nosotros hemos hecho esto, es una forma extraña de condescendencia.

Es mil veces mejor rezar para obtener la valentía de hablar con la verdad con tanto amor, cariño y claridad como sea posible. Por lo general, las personas agradecen que se reconozca lo que en el fondo de sus corazones ellos ya *saben*.

Cuando las probabilidades no importan

*No tienes que saber cómo abrir la puerta
por ti mismo, pero quizá quieras abrir uno
o dos cerrojos.*

Hiromi Min

Una persona llamada Janine me llamó para saber por qué no había logrado encontrar el tipo de unión que había estado buscando desde siempre. Finalmente había decidido que aunque amaba San Francisco, tenía que mudarse a un lugar donde hubiera más "posibilidades". Aquí, se quejaba, todo hombre potencial estaba casado o era gay, o ambas cosas. Yo le aseguré entusiasmada que claro que no era así, diciéndole: "No tiene que ver con *números*, tiene que ver con karma y vibraciones. Y no necesitas cien opciones. A menos que seas mormona y no me lo hayas dicho, sólo necesitas *una*".

Pero estaba decidida. Se iba a mudar al Valhala de He-Man: Alaska.

Me quedé desconcertada. "¿Realmente *quieres* vivir ahí?"

"Tonta", me respondió. "Claro que no. Yo pertenezco aquí. Pero la proporción de mujeres a hombres es como de 85 a 1. *Tengo que ir*".

Yo le dije que quizá quisiera ahorrarse una mudanza cara y agotadora simplemente acudiendo al Orden Divino. Estuvo de acuerdo en orar, durante todo el siguiente mes: *La pareja perfecta ya ha sido elegida para mí. Llegará cuando tenga que llegar y de la forma que tenga que llegar. Estoy muy agradecida por recibirlo.*

Pero quería tomar todas sus precauciones y continuó empacando para la tundra.

Yo seguí insistiendo en que si invocaba en serio al Orden Divino, una relación llegaría en el momento correcto. No tenía que irse de cacería. Podía adquirir esa experiencia en la medida en que se considerara lo suficientemente valiosa para recibir y así seguir las pistas que aparecieran, pero tenía que sentir que *se lo merecía*. No necesitaba mudarse a algún lugar al que no quisiera. Incluso le platiqué de mi amiga Ana, quien solía vivir como una monja enclaustrada y terminó enamoradísima del tipo que le fue a arreglar la televisión por cable.

Pero Janine estaba decidida.

A finales del verano partió, y me llamó desde el aeropuerto para decirme un lloroso adiós.

Para Noche de Brujas, Janine me llamó desde Juneau.

"Hey, ¿estás lista?", me dijo bromeando. "Ah, claro, tú ya sabes qué es lo que voy a decir. Llegando aquí me di honestamente cuenta de lo ridícula que era la situación. El lugar es precioso, pero no pertenezco aquí. Pero seguí con eso del trato con el Orden Divino, digo, ya estaba aquí".

"Y entonces una noche un tipo que estaba de vacaciones comenzó a hacerme plática en un café y adivina de dónde era..."

Yo la interrumpí: "¿...De *aquí*?"

"Así es, amiga, adivinaste", se rio. "Vive a doce cuadras de mi departamento en Mission. Es la persona *más* maravillosa. El último mes lo hemos pasado viajando por Alaska juntos y ha sido un paraíso. Bromea con que quizá hubiéramos debido empezar con unas vacaciones caras. Me regreso mañana a San Francisco".

Darle al mundo un corazón

Cuando todo termine, quiero decir: Toda mi vida fui una novia casada con el asombro. Fui el novio, llevando el mundo en mis brazos.

MARY OLIVER

Desde que era adolescente tenía una relación ambivalente con el Día de San Valentín. Era extraño porque, con Libra en el ascendente y habiendo nacido el año de la Oveja, tengo rasgos románticos tan profundos como el Mar Caspio. Pero siempre me pareció *mal* que una fiesta del corazón se basara en parámetros tan cerrados y tuviera metas tan limitadas. Como si la mayor fuerza del planeta hubiera sido creada para que sólo otra persona la recibiera.

La Shakti Universal simplemente parece ser mucho más diversa e innovadora que eso.

Quizá sea por mis cuatro planetas en Acuario, pero frecuentemente pienso en el amor como algo global, no sólo personal. ¿No sería magnífico si existiera un día en el que *todos* cobijáramos a este planeta cansado y enfermo con bendiciones en un despliegue desenfrenado y salvaje? ¿Con buenas obras al azar y actos de belleza sin sentido, como en ese antiguo dicho?

✸

Hace varios años, mi vida cambió en un Día de San Valentín. Una brillante lesbiana-diosa-dramaturga que manejaba una Kawasaki negra rompió nuestra unión el 12 de febrero. Yo me quedé en una cabina telefónica en la avenida Valencia a llorar con una amiga.

Desde el rabillo del ojo vi a un vagabundo que pasaba empujando su carrito de súper, mirando hacia donde yo estaba. A los pocos minutos, regresó.

"Para usted, señora", dijo, mirándome directo a los ojos y dándome una perfecta gardenia enorme y blanca, que yo no tenía ni la más mínima idea de dónde podría haber sacado. "No llore, linda, todo va a salir bien. Se lo prometo".

Y pues claro, lloré todavía más. Y le di un fuerte abrazo y todo el dinero que traía en mi bolsa. Simplemente algo en él hizo que mi corazón se partiera para llenar el cielo.

Al día siguiente, en lugar de lamentarme de la ruptura sorpresa, me sentía inspirada por este hombre. Caminé la ciudad ayudando anónimamente, y me di cuenta de todas las personas que, estuvieran en relaciones amorosas o no, se sentían profundamente infelices en este Supuesto Gran Día del Amor. Me sentí muy feliz de sólo dar a aquellos que cruzaban mi camino.

Todo el día tuve en la mente una oración:

> *Por favor guíame a donde sea que yo pueda ser una fuerza de Amor. Llévame a todo lugar al que tú desees que vaya. Déjame seguir tus mandatos.*
>
> *Ruta asegurada para El Mejor. Día de San Valentín. De Toda Mi Vida.*
>
> *O quizá para La Mejor. Vida. Posible.*
>
> *Tengas pareja maravillosa,*
> *o no la tengas.*

CAPÍTULO 12
Milagros cotidianos y otros misterios

El penthouse de 700 dólares

Dios abrirá camino donde no lo hay.

ANÓNIMO

Soy una gran creyente de lo que algunas tradiciones llamarían *conjurar un milagro*: invitar a lo divino a que interceda para casi cualquier situación, sea grande o pequeña. A menudo la gente me cuenta sobre situaciones tan abrumadoras y complejas que su mente racional no puede comenzar siquiera a comprender para poder salir de ellas. A veces están rodeados de familiares o amigos que quizá ayuden a intensificar su sentido de impotencia o desesperanza. Sin embargo, a lo largo de los años me he dado cuenta de que pedir un milagro puede abrir puertas que la racionalidad lineal jamás abriría.

Mencioné antes que pasé tres años en cama debido a una falla en mi sistema endócrino. Finalmente, una maravillosa acupunturista llegó a mi vida y me ayudó a recuperar mi salud en nueve meses.

Sin embargo, ése no fue todo el milagro.

Cuando empecé a sentirme mejor, me di cuenta de que necesitaba un nuevo departamento. Mientras estuve en cama, honestamente no me importaba vivir en un cuarto pequeño y oscuro con un colchón en el piso y una hornilla eléctrica. En la medida en que me fui sintiendo como un ser humano más o menos funcional, comencé a desear un verdadero hogar.

Durante tres años apenas había podido trabajar y casi no tenía dinero. Sin embargo, mi mente, dócil y anonadada debido a mi reciente recuperación, estaba ampliamente abierta a ser sorprendida.

Qué bueno que en ese momento casi no había gente a mi alrededor que pudiera decirme lo "poco realista" que esto era, o recordarme que el mercado de vivienda en San Francisco es astronómico. Yo estaba abierta de todo corazón y por completo a un milagro. Digo, acababa de volver de entre los muertos. No tenía *nada* que perder.

Un día estaba yo dando un pequeño paseo alrededor de mi vecindario en Richmond. A tres cuadras de mi cueva en la calle Geary vi un anuncio: Se renta *penthouse*. Un tipo alto y moreno, con pinta agradable, estaba parado cerca. "¿Quieres subir a verlo?", me preguntó, sonriendo.

"Bueno, no puedo siquiera imaginar cómo podría pagar yo un lugar así", dije con pesar, "pero, ¿por qué no? Uno nunca sabe".

"Así es", dijo él, radiante, "eso es lo único seguro en esta vida. Uno simplemente *nunca* sabe".

Subimos y el lugar era increíble. No era grande pero tenía ventanas de piso a techo con vistas al Golden Gate, tragaluces abovedados, pisos de madera y una vibrante energía.

"No me atrevo ni a preguntar cuánto cuesta", suspiré.

"Pues, ¿cuánto pagas donde vives ahora?", preguntó.

Y he aquí lo que sucedió. Aunque el departamento supuestamente tenía que rentarse en unos dos mil dólares al mes, este ángel me lo dio a mí por sólo doscientos dólares más de lo que estaba pagando en mi cuchitril.

Me dijo: "Soy de Siria. Crecí en las calles de Damasco y a los cuatro años ya podía leer la personalidad de una persona inmediatamente. Es una cuestión de vida o muerte, ¿sabes? En el instante en que te vi supe tres cosas: que podía confiar en ti, que habías pasado por una catástrofe y que quería que tú vivieras aquí. Eres perfecta".

Así es entonces como el Orden Divino me regaló lo que iba a ser mi departamento de San Francisco durante tres años, el tiempo perfecto. Con el tiempo convirtieron el edificio en condominio y yo se lo pasé a una amiga que lo compró.

A veces el realismo es tremendamente irrealista.

Que será, será: la bala perdida

Deja que la vida te ocurra. La vida
siempre tiene la razón, siempre.

RAINER MARIA RILKE

El día después del Día de Acción de Gracias le hice una lectura a Corrine, quien es casi una Lara Croft, de *Tomb Raider*, de la vida real. Una Géminis con Luna Sagitario, es una experta en parapente y *windsurf*, enseña montañismo y buceo y ha cruzado la mitad de Asia en su Harley.

Sola.

Solía pensar que yo era bastante aventurera, pero comparada con Corrine, soy sólo una temblorosa masa de cobardía Capricornio.

En los treinta años que llevaba viviendo en intensa aventura nunca le había pasado nada más que algún rasguño en las rodillas o alguna intoxicación con comida. No obstante, me llamó porque al amanecer del Día de Acción de Gracias, al levantarse de la cama se tropezó con el hueso de carnaza de su collie miniatura.

Y se rompió el pie.

Abrumada de ironía, tuvo que cancelar su próxima escalada en Nepal.

También estaba consciente de que, en treinta años, nunca había sido "frenada". Durante meses había estado posponiendo escribir un libro sobre sus viajes porque no se daba el tiempo.

Ésta era su oportunidad.

Éstas son el tipo de cosas que a veces me hacen sentir como una fatalista optimista. Algunas cosas suceden simplemente porque están destinadas a suceder. Ni todas las precauciones del mundo van a hacer que eso cambie. Sin embargo, vistos a través de un prisma positivo, incluso esos acontecimientos pueden finalmente considerarse como afortunados.

Antes de mudarme en los años ochenta a las afueras del tranquilo distrito de Richmond, había pasado varios años en el corazón de Mission. En ese tiempo me encantaba el pulso del lugar, la buena música, la comida mexicana y la generalizada alegría de vivir. Vivía en el paraíso, viviendo de burritos, clases de baile y de hacer yoga en el parque Dolores.

Después caí enferma, y mi yo racional y precavido pensó que debía mudarme a un vecindario más "seguro". En ese entonces, Mission era un núcleo importante de criminalidad. Aunque nunca me había sentido en peligro, pensé que me recuperaría mejor en los suburbios.

No tenía la menor idea de lo que estaba haciendo.

Un día, tomando té en mi tranquilo *penthouse*, escuché un fuerte silbido seguido del romperse de un vidrio y un choque.

Una bala había agujerado la ventana justo arriba de mi cabeza y luego atravesó la pared detrás de mí, pasando por la cocina hasta llegar al baño.

La encontré incrustada en un azulejo roto de la regadera.

Mientras la policía llegaba, me quedé sentada en el piso frío del baño, mirando muda la pared; mi corazón latía como si fuera a salirse mientras intentaba entender qué demonios acababa de suceder.

Los policías me dijeron que a dos cuadras había ocurrido un tiroteo de pandillas, cosa muy extraña. De alguna manera una bala perdida de un rifle deportivo había aterrizado en mi escondite del último piso de un edificio en un vecindario estadísticamente "seguro" de San Francisco.

"Dios mío, yo pensé que ya había visto *todo*", dijo una de las oficiales moviendo la cabeza. "¿Te das cuenta de que si te hubieras parado un segundo antes estarías muerta?"

Quería quedarme con la bala y convertirla en un colguije, pero ella sólo sonrió y se la llevó.

Como evidencia.

Dos historias de los archivos de Dios

Puedes gastarte las suelas de tus zapatos de hierro buscando lo que llegará sin esfuerzo cuando sea el momento.

PROVERBIO CHINO

El mundo no está hecho de átomos. Está hecho de historias.

MURIEL RUKEYSER

Mi antigua vecina Amy necesitaba desesperadamente un nuevo automóvil. Ella y su marido, Todd, pasaban un duro invierno en el norte del estado de Nueva York y su Trooper estaba a punto de morir. No habían logrado encontrar un buen coche para comprar y, sin embargo, no querían meterle más dinero a la vieja camioneta. Los meses pasaron mientras buscaban por todos lados, cada día más cansados. Finalmente invocaron al Orden Divino, afirmando que el coche perfecto llegaría en el momento indicado, y a regañadientes gastaron mil quinientos dólares arreglando su carcacha.

Una semana después, en un semáforo, una mujer se paró junto a ellos en una Forester de un verde poco común, y al instante se convirtió en su coche ideal. Le preguntaron dónde la había comprado y esa tarde visitaron al concesionario. Una milla antes de la tienda comenzaron a reírse con nerviosismo mientras entraban por Endwell, Nueva York. Un momento después vieron la tienda en la esquina de la calle Amy. "En serio", dijo Todd, moviendo la cabeza, "¿quién podría inventar algo así?"

Sólo después cayeron en cuenta de que no habían logrado encontrar el coche nuevo hasta que cedieron y arreglaron el viejo. A final de cuentas, necesitaban ambos.

❁

Luego, esto fue lo que sucedió cuando Amy y yo éramos vecinas hace veinte años.

Vivíamos puerta a puerta en el campo, sobre una calle bucólica en las montañas de Catskill durante una época espantosa en la que los desafíos me rodeaban como una parvada de cuervos. Me encantaba sentarme en mi pequeño porche y contemplar mi miseria. (La idea del Orden Divino no había entrado realmente en mi cabeza todavía. Créeme, es un proceso.) A veces, cuando me sentaba melancólica en el porche, imaginaba que compraba celosía para que crecieran mi hiedra y mi buganvilia morada. Sólo imaginarlo hacía que mi corazón se animara, pero le decía con tristeza a Amy que el sólo pensamiento de manejar 80 kilómetros a la serrería más cercana era abrumador.

Sí recordaba pedirle ayuda a Dios periódicamente. De vez en cuando murmuraba sinceramente a la Fuerza, que en realidad no podía sentir pero que necesitaba pensar que existía: "Bien, estoy completamente perdida. Cualquier señal de que no estoy sola me funcionará en este momento. *Por favor*".

Un día un camión enorme pasó volando, cosa extraña en nuestra tranquila calle. Un momento después, veo a Amy hacer un gesto de sorpresa con las manos y se empieza a reír.

"¡Dios mío! ¡No vas a *creer* lo que se acaba de caer de esa cosa!", gritó mientras el camión desaparecía doblando la esquina.

Una enorme celosía del tamaño exacto que necesitaba se había soltado y me había sido entregada al lado del camino.

La exacta mecánica celestial

Agradece el karma que no tienes.

ANÓNIMO

El otro día estaba conduciendo hacia mi casa cuando me quedé atorada en un embotellamiento, algo que en mi pequeño pueblo es poco usual. El puente Park Street se había abierto para que un barco grande pasara, al mismo tiempo que terminaba la última hora pico. Una fila de coches se arrastraba durante cuadras sin poder tomar rutas alternas. Veía cómo la gente a mi alrededor se desesperaba cada vez más.

Decidí simplemente relajarme, respirar profundamente y decir para mis adentros: *"Mi vida se despliega al tiempo divino. Todos los retrasos son benéficos. Siempre estoy en el lugar adecuado en el momento adecuado".* Crecí siendo una niña muy impaciente (ya sabes, conjunción de Marte con Saturno en Sagitario), por lo que estas declaraciones realmente han cambiado mi vida.

Así que prendí el radio, escuché a Lady Gaga, escribí en mi diario y me relajé. Como veinte minutos más tarde ya iba camino a casa.

Cuando llegué entendí la razón celestial del embotellamiento. Cuatro patrullas y dos ambulancias llenaban mi calle. Veinte minutos antes un conductor ebrio había perdido el control justo enfrente de mi edificio, estrellándose como una pelota de *pinball* con siete coches, uno por uno. Si no me hubiera tardado por el tráfico probablemente me hubiera tocado estar ahí, en la línea de fuego.

Mi amigo Tom me contó una historia similar que a él le pasó a la inversa. Había llevado por primera vez a su amado novio a conocer a sus padres, que vivían en Búfalo. Todo había salido razonablemente bien. Incluso su padre, un poco fundamentalista, se había portado muy amable y cortés.

Sin embargo, la noche antes de su partida, el papá de pronto enloqueció. Decidió que "los pecadores" no podían pasar una noche más bajo su techo. Tenían que irse. Mientras su amorosa madre se disculpaba y lloraba, Tom y su pareja aventaron en frenesí sus maletas al coche y salieron de la ciudad como una pandilla en fuga. "Fue un psicodrama bastante emocionante", recordaba ásperamente.

Decidieron manejar toda la noche para volver directamente al iluminado mundo de Manhattan.

Más tarde esa noche comprendieron la intervención cósmica. Una monstruosa tormenta de nieve se había condensado de la nada, pegando en Búfalo dos días antes. Los noticieros mostraban coches abandonados en la autopista de Nueva York como esqueletos vacíos enterrados bajo un metro de nieve. Se llamó a la Guardia Nacional y se establecieron refugios de emergencia.

"Sí mi papá no se hubiera vuelto completamente loco, nos habríamos quedado atrapados. El frente de la tormenta pasó justo por donde nosotros habíamos pasado. El Universo nos expulsó en el momento perfecto".

Realmente nunca sabes qué bendiciones está creando un obstáculo o un problema, y de qué pesadillas mayores te estás salvando.

CAPÍTULO 13
Los concursantes deben estar presentes para ganar

Cuando viajar no es suficiente

Mantente aquí ahora.
Mantente en otro lugar más tarde.
¿Es eso tan difícil?

DICHO JUDÍO ZEN

Cuando de niña vivía en Pensilvania tenía en mi cuarto una pequeña foto enmarcada en la que se veía la mano de una mujer agarrando una maleta. La leyenda decía: "A menudo se apoderaba de ella un deseo de estar en otro lugar".

Durante años me consumió un deseo de viajar que quizá sea endémico por tener tres planetas en Sagitario. Y la verdad es que *nunca* me siento tan en casa como cuando viajo. Solía fantasear con boletos de avión exóticos y un pasaporte lleno de visas de colores, al igual que algunas personas fantasean con tener hijos o con un Porsche.

Sin embargo, algo sucedió sobre la marcha. Me di cuenta de que a menudo cuando planeaba un viaje éste se bloqueaba preventivamente. Una vez con mi pareja reservamos un viaje de tres meses a India, Bali y Tailandia; un paseo que llevaba años construyendo en mi mente, de la misma manera que alguien puede diseñar la casa perfecta. Justo antes de comprar los boletos, surgió tal cantidad de obstáculos ridículamente intensos que no pudimos más que reírnos, y cancelar.

En una ocasión, una talentosa astróloga me dijo que yo había pasado incontables vidas pasadas vagabundeando por el mundo. Pero dijo: "Oye, pero si tú ya has *visto* todo en tus otras vidas. ¿Cuántas más pretendes pasar corriendo?" Esta vez, dijo, debía viajar al interior y aprender a entregarme a la vida *así* como es, justo *donde* yo estaba. Aprender a estar quieta y acoger todo, sin límite y sin escape.

Sabía que ella tenía razón.

❃

Recuerdo estar sentada en un restaurante de sushi en Mission. Nunca sabes quién te llevará a una encrucijada. Mientras me comía mi *maki roll*, en otra mesa una mujer comenzó a conversar con un tipo de Dinamarca. Empezó a relatar un diario de viaje a un gran volumen.

"Oh, sí", decía, "visitamos el norte de Italia el otoño pasado. Ah, no te lo puedes perder, tienes que ir. Y antes de eso visitamos Bélgica y Praga y Berlín y, claro, Provenza y París. Bueno, tú sabes, querido, siempre pasamos por París". E hizo un gesto al aire con sus palillos chinos haciendo énfasis. "Digo, ¿cómo podrías no hacerlo? Ni siquiera es una opción, ¿o sí? Digo, para eso mejor morirse". Arrugando la nariz al sólo pensarlo, continuó: "Y luego Helsinki y Estocolmo,

bueno, siempre mejoran, ¿no crees? Yo les daría un ocho…
Y, ah, querido, las tapas en Barcelona…"

Mientras tanto el joven danés intentaba escuchar educa-
damente, mirándola con deferencia, y la mujer continuaba.

Y continuaba.

Y continuaba.

❃

Entre más la escuchaba, más me cansaba; era una especie de
agotamiento existencial profundo y sin fondo. Sentía como si
me pudiera ahogar justo ahí en el We-Be Sushi, con la cara
en mi sopa miso, debido a la pura futilidad de toda la situación. La incansable carrera de esta mujer por los milagros del
mundo me dejó total y completamente agotada.

Se le agradecí mentalmente cuando me paré para mar-
charme.

Pagué mi cuenta y salí a la música de la calle Valencia,
mareada, sin ningún lugar a donde ir y nada que ver.

Unos mariachis cargaban sus guitarras hacía La Rondalla,
bromeando y riendo en español.

Dos chicos rubios estaban sentados en un café, tomados
de la mano y bebiendo café exprés.

Una mujer con un corte de cabello punk morado pasó caminando con un top rojo hacia su clase de yoga, su tapete
bajo un brazo y en el otro un perrito *poodle* miniatura.

Traía tatuada en toda su espalda una gran garza azul de
escarpadas alas lista para lanzarse a volar.

El Zen del tráfico

> *Quien conquista a los demás tiene fuerza; quien se conquista a sí mismo es realmente poderoso.*
>
> LAO TZU

El otro día mi clienta Tina se quejaba de que algunas situaciones le estaban impidiendo irse a un retiro espiritual que venía planeando desde hacía meses. Después de pasar media hora simpatizando con ella, finalmente le dije: "¿Sabes?, quizás en este momento no *necesitas* irte. Después de todo, quien lo está imposibilitando es el Universo.

"Y mira", le dije, señalando sus cartas, "aquí están el Carro y el Ocho de Bastos. Tienen que ver con tu *vehículo*. ¿Por qué no simplemente tienes cuidado cuando conduces? ¿Sabes?, todo lo que necesitas espiritualmente puedes aprenderlo ahí mismo en tu coche".

Me dijo que estaba completamente loca.

"Quizá", me reí. "Pero entonces, ¿para qué diablos me llamas?"

Sin embargo, no estaba bromeando. El Zen del conducir puede desarrollar todo tipo de virtudes:

La confianza en que hay suficiente. Cuando una persona se clava como un cuervo y toma el lugar de estacionamiento de alguien más, a menudo imagino que esta persona no confía en que hay otro lugar con su nombre escrito. Pero en serio, si te dejas fluir, no tienes que preocuparte. Cuando alguien apaña tu lugar puedes pensar: "Bien, ellos lo *necesitaban*. Y yo también siempre encuentro lo que necesito". Invariablemente aparece otro lugar.

La generosidad. Algunas personas maniobran como si todos los demás fueran un obstáculo; pero conducir ofrece una oportunidad para ser amable. Siempre hay tiempo para dejar pasar a las otras personas a tu carril, o incluso dejarlas rebasarte. Y por lo general si tú lo haces por ellos, ellos lo harán para el siguiente auto.

Existir con lo que es. A veces no hay nada que hacer más que rendirse; pero si pides iluminación para dejar ir y disfrutar del paseo, algo sucede. Por lo general pelearse con el tráfico es peor que el tráfico mismo.

La abundancia. Mi amiga Cynthia me enseñó esto. Yo solía estacionarme a varias cuadras de mi destino apenas veía un lugar. Ella me regañaba, riendo: "¡No, no, no! Al menos acércate primero un poco para ver si el lugar perfecto está ahí esperándote. ¿Por qué asumes que *no* está?"

La compasión. Me encanta ir en el coche cuando maneja Chi, mi amiga de Alabama. En una ocasión, cuando alguien le dijo una grosería y le hizo una seña obscena con el dedo, ella lentamente dijo: "¡Ese pobre chico simplemente no recibió amor suficiente cuando era pequeño! Te apuesto que nunca le dieron pecho. Por eso es que esta gente es así, ¿sabes?"

Y lo decía en serio.

La serenidad. Ser capaces de respirar y mantener la calma detrás del volante es un gran logro. Incluso alguien capaz de sostenerse parado de cabeza a tres puntos durante una hora mientras canta doscientos versos en sánscrito preparando con los dedos del pie una ensalada puede ser derrotado... por su coche.

El Zen del tráfico, postdata: ¿Dónde está mi auto?

Simplemente piensa en lo suertudo que eres hoy de tener tan poco karma.

Anónimo

20 de agosto de 2009, Luna nueva en Leo.

10:44 a. m. Público una columna en examiner.com con el título *El Zen del tráfico*. Trato de destacar algunos puntos principales sobre la marcha.

2:45 p. m. Manejo hacia Rainbow, la resplandeciente tienda colectiva de comida de San Francisco, para comprar algunas cosas.

2:55 p. m. Estaciono el Prius afuera de la tienda en una zona comercial que tiene un letrero que dice "No estacionarse hasta las 3:00 p. m." Pienso que como sólo faltan cinco minutos no debe haber ningún problema.

3:02 p. m. Escucho que un trabajador de Rainbow anuncia por las bocinas que la grúa se está llevando a un Prius azul. Corro hacia afuera para ver mi coche remolcado por la calle Folsom. Estoy impactada, intentando entender cómo pudo una grúa llegar y encadenar mi coche tan rápido.

3:30 p. m. Corro a toda velocidad las doce cuadras hasta el corralón en la Séptima y Bryant, formándome en una fila de personas que están en la misma situación que yo. El empleado nos confía que las estrategias de la ciudad han cambiado. San Francisco está en bancarrota y necesita ingresos. Así que cuando antes podías estacionarte 5 o 10 minutos antes, ahora un policía de tránsito y una grúa están a la espera en ciertos puntos, listos para saltar sobre sus víctimas.

4:15 p. m. Pago 373 dólares (sin incluir los 125 de la multa que llega por correo) para recuperar mi Prius secuestrado.

4:45 p. m. Conduzco de regreso a la tienda para terminar las compras. Descubro que el carrito que había dejado lleno de comida en atención a clientes ha sido vaciado y reutilizado por alguien más. Vuelvo a llenar el carrito con cada objeto, sintiéndome en una siniestra situación parecida a la de Bill Murray en *El día de la marmota*.

Y aun así, una parte de mí no puede más que reírse.

Digo, definitivamente hubiera preferido gastar ese dinero en otras cosas, pero no puede no parecerte maravilloso. No había mejor prueba para ver si podía ser congruente con lo que había escrito.

Bueno, hoy fue Luna nueva en veintisiete grados Leo, sobre mi Plutón y mi Júpiter, en oposición a la Luna y a Venus, y en cuadratura Marte y Saturno.

Algo *había* sucedido.

Y nunca sabré de lo que me habré salvado. Quizás en lugar de sufrir un accidente grave, salí librada con una exorbitante remolcada sorpresa.

Uno nunca sabe.

Los concursantes deben estar presentes para ganar

Si estuvieras dentro de tu cuerpo,
ya estarías en casa.

Calcomanía de Berkeley

Un día decidí seriamente que iba a vivir más en el momento presente. Iba manejando sobre el Puente de la Bahía una tarde, perdida en mis pensamientos. Lo siguiente que supe es que la señora que cobra la cuota me estaba diciendo bruscamente, sacándome de mi ensoñación: "Querida, ¿qué diablos quieres que haga con esto? ¡Esto no te va a ayudar a cruzar ningún puente!"

Me di cuenta que le había pasado el abridor de la puerta eléctrica. Me reí durante una hora, y me di cuenta de que tenía un problema.

Así que ahora me detengo varias veces al día y me pregunto: "¿En dónde estoy? ¿Qué estoy haciendo justo ahora? ¿A dónde me ha llevado mi mente?"

Y sobre todo: "¿Estoy respirando?"

También me ha ayudado conectarme todas las mañanas a la tierra como un árbol fuerte y saludable. Me imagino que tengo una profunda raíz que va hasta el centro de la tierra, firme a pesar de la turbulencia exterior. Cuando voy a empezar a conducir, me arraigo al piso del coche para mantenerme atenta.

Sin embargo, estar más arraigada es un verdadero trabajo permanente. Desde luego algunos de nosotros, especialmente los tipos creativos, podemos perdernos fácilmente en realidades "paralelas". Y las comunidades espirituales, incluso las clases de yoga, pueden estar llenas de gente que busca evitar el esfuerzo del presente y sólo anhela sentirse embriagada de felicidad.

Pero, ¿y si todo fuera lo mismo? Una falsa dicotomía. Dios realmente *está* en los detalles. En todos los mundanos y desordenados detalles.

Alguna vez viví en un edificio de departamentos en donde una de mis vecinas era una mujer carismática y espiritual, miembro del templo del barrio. Tenía una voz maravillosa para cantar y seguido invitaba a todos a cantar o meditar. Había tenido muchos maestros espirituales de todo el mundo y extravagantes visiones interiores que le encantaba compartir. La mayoría de la gente en el edificio la consideraba totalmente adorable y completamente exasperante.

Verás, parecía tratar la realidad como una incómoda distracción de su búsqueda espiritual. ¿De qué le servían todas esas visiones celestiales si cuando secaba su ropa sacaba la de las otras personas de la secadora y las dejaba ahí mojadas? ¿De qué le servía cantar cuando dejaba su basura por todos lados asumiendo que algún enviado cósmico bajaría a recogerla? Solía irse a media plática cuando estaba conversando con alguien.

La noche en que se mudó a vivir a otro lugar, de alguna forma logró que el camión de su mudanza se enredara en los focos que alumbraban nuestro garaje. Mientras salía pitando del edificio por última vez, jaló todo el cable eléctrico de la pared para luego arrastrarlo tras de ella por la calle, retumbando a todo volumen por el camino. Mis vecinos y yo observábamos en desconcertado asombro cómo nuestros coches se iban quedando en la oscuridad. Tomó semanas arreglar el daño.

Un par de nosotros, después, recordamos que su nombre en sánscrito significaba "portadora de la luz divina".

En el camino con Dios

Y yo te mostraré un tercer camino,
un camino oculto.

Anónimo

Me volví una intensa fanática del Orden Divino por una buena razón. A pesar de mi supuesta inteligencia, a menudo me sentía abrumada y paralizada por los interminables problemas y decisiones de la vida.

Hoy en día me siento afortunada de que las propias limitaciones de mi personalidad me hayan forzado a volverme dependiente de la ayuda del cosmos. Quizá si hubiera nacido siendo una eficiente súper mujer no habría necesitado *nada* de esto, pero aprender a moverme con el Flujo Divino cambió para siempre mi realidad. Convirtió lo que antes era un camino de estrés total y cansancio en uno de tranquilidad equiparable, o al menos, en uno manejable.

Por ejemplo, cada vez que viajo evoco al Orden Divino para que me abra el camino. Es como tener un equipo cósmico de avanzada. Antes de partir, me imagino al viaje rodeado de luz y energía, y digo:

> *Permite que cada aspecto de este viaje se desarrolle en armonía. Permite que el Orden Divino organice y me muestre cada detalle. Las correctas conexiones entre vuelos, el alojamiento y todo lo demás ha sido ya elegido y seré guiada a ello fácilmente. Seguiré las pistas cuando se me muestren.*

He utilizado esta oración para ayudar a crear un lugar en vuelos previamente sobrevendidos, para encontrar agencias de renta de coches baratas, escabullirme en filas de seguridad detenidas y, por lo general, me la paso muy divertida y relajada en condiciones absolutamente chifladas.

No todas las puertas se abren con magia (aunque a veces sí), pero el camino se vuelve más fácil o al menos se vuelve tolerable. Quizá puedas pensarlo como un poderoso lubricante en el plano etérico. En vez de depender del empuje del ego, viajas con abundante ayuda. Sientes como si te estuvieras dirigiendo a tu destino en un carruaje sagrado. Se te muestran las salidas correctas en el momento adecuado, y *puedes relajarte frente a lo que no tienes poder de cambiar hasta que se te muestre la siguiente ruta.*

❖

Antes de que los sistemas GPS y los iPhones estuvieran por todos lados, estaba de visita en Los Ángeles cuando un hombre armado disparó en todos los carriles de la autopista 5. Ahí estaba yo, atrapada afuera de Glendale, a treinta millas de mi destino, en una masa de coches tan sólida como un glaciar. Después de una hora, la gente estaba poniéndose bastante loca. El tipo calvo y fortachón de la camioneta de al lado empezó a destrozar el techo con algo que parecía un yunque. Sentí que estaba en una continuación de *Blade Runner*.

Invoqué al Orden Divino y pasé otra hora a paso de tortuga hasta llegar a una salida. Me orillé en una estación de gas y continué rezando. Entonces empecé a conversar con una mujer extraordinariamente alegre que estaba en la bomba de junto. Resultó que ella también se dirigía a Long Beach. Y me dijo orgullosa que como nativa ella sabía cómo llegar sin tener que tomar la autopista, tomando también atajos.

Seguí entonces durante dos horas a la Devi con la cola de caballo color caoba conduciendo su RX-7 verde a través de cientos de giros y vueltas. Hasta nos paramos a comer en una taquería muy buena que ella conocía.

A media milla de mi hotel me dijo adiós con un cambio de luces.

Le agradecí silenciosamente con todo mi corazón haber sido mi guía.

CAPÍTULO 14
La Octava Superior

Tú eres toda tu deslumbrante carta astral

Sigue la veta de tu propia madera.

HOWARD THURMAN

Mientras comía en un café en Ojai, California, un tipo con un poncho y un sombrero de paja se me acercó y me dijo que tenía que darme un mensaje de mis ángeles. Considerando que Ojai es Ojai (un vórtice de cosas de la nueva era, de cosas de moda y a veces de cosas locas), era lo más natural del mundo que sucediera algo así.

Así que lo invité a sentarse conmigo.

Su mensaje fue breve. Cerró sus ojos y comenzó a hablar como si estuviera transmitiendo desde un radio *stacatto*. "Tú. Inusual. Mitad y mitad. Todo. Introvertida, extrovertida. Este, Oeste. Cerebro, corazón. Joven, vieja. Mujer, hombre. Todo. No olvides".

Después se paró y se fue a comprar un burrito.

Bueno, su mensaje no podía haber sido más atinado, si él lo supiera... Yo había pasado años intentando resolver las paradojas innatas de mi naturaleza hasta que un día me di cuenta que habíamos nacido para *acogerlas*. Mis planetas en Acuario y Sagitario eran el alma de la fiesta, pero un fuerte Neptuno añoraba quedarse en casa escondido. El Sol en Capricornio trabajaba como esclavo, pero mi Libra ascendente sólo deseaba un baño caliente. Y así sucesivamente.

Tenía que aprender a dejar que todas las distintas partes en conflicto pudieran hablar libremente. Esos *tests* en línea en los que sales de sólo un "tipo" eran imposibles. Dependiendo de a qué hora del día o de qué humor los hiciera, las respuestas cambiaban, al igual que le pasa a mi ilegible escritura de mano.

Así que suelo atraer clientes que arden en contradicciones como Lee, la vital Sagitario de Los Ángeles. Ella trae dentro de sí mucho fuego; sin embargo, hasta hace poco quien llevaba la batuta era su Luna en Escorpión. Llenaba su vida con una dieta regular de arrebatos y asaltos emocionales mientras sus pobres signos de fuego se sofocaban, añorando la aventura y la diversión; pero ahora ha dejado que su Sagitario tome el mando y envejece a la inversa, volviendo el espíritu espontáneo que reprimió en sus días de juventud.

Hace poco otra persona me habló desde Alemania. Tenía una pila de planetas en un Tauro establemente anclado; sin embargo, su Luna en Aries estaba junto a un Urano rebelde. Cuando le sugerí que ella estaba viviendo una vida mucho más cautelosa de lo que añoraba su poco convencional Luna, gritó con alegría y estuvo enérgicamente de acuerdo.

Un obediente Virgo que conozco, con el práctico Saturno en su Sol, se graduó de estudiar leyes para apaciguar a su padre, pero a los seis meses de estar trabajando como aboga-do, le salieron úlceras. Todos los planetas que tenía en Libra exigían arte y belleza, así que con el tiempo abrió una tien-da de moda en Nueva York. Él me confesó: "Querida, yo era sin duda el *peor* abogado del mundo. Solía estar en medio de una deposición fantaseando con hacerles a todos los presen-tes un cambio de imagen. Nunca he estado rodeado de gente con menos estilo que los abogados. Era como trabajar en uno de los escalones del infierno de Brooks Brothers".

A veces pienso que los diferentes planetas en las cartas as-trales de la gente son como los invitados a una fiesta cósmica.

Algunos aspectos encajan, otros chocan.

El truco está en ayudar a todos a sentirse incluidos y có-modos.

Sólo asegúrate de que nadie acapare la fiesta y se beba todo el ponche.

¿Eres plutónico?

Una persona es verdaderamente libre,
incluso aquí en su estado encarnado, si
sabe que Dios es el verdadero agente y
él no tiene poder para hacer nada.

RAMAKRISHNA

Tiene los ojos de Bette Davis.

KIM CARNES

Cuando tenía diecinueve años, tuve la suerte de que me llevaran a una astróloga que me dejó asombrada. Llegué a su casa confundida y con dudas, y me fui de ella con un mapa de mi potencial. Fue la primera vez en mi vida que sentí que alguien me miraba realmente.

Cuando vio que mi carta astral mostraba muchos ángulos cerrados, en especial en Saturno y Plutón, recuerdo que dijo que ésta era una encarnación de "correa corta".

"Tu horóscopo muestra una recuperación rápida", explicó, pasando su mano por su corto pelo gris y viéndome con una mirada bondadosa. "Algunas personas aplazan las consecuencias de sus acciones para otras vidas; necesitan descansar. Pero tu reacción es inmediata, para bien o para mal. No olvides que tú así lo quisiste". Se rio secamente: "Tú estás en el plan de prepago kármico".

En realidad, me sentí liberada. Hasta ese momento no sabía la razón de que siempre estuvieran pasando cosas tan extrañas. Como aquella vez que golpeé sin querer un BMW negro que se veía recién pulido y estaba estacionado cerca de mi dormitorio. "Oh, el dueño es tan rico, seguro no importa", pensé.

A la mañana siguiente la ventana de mi coche amaneció estrellada y se habían robado mi estéreo.

Ese tipo de cosas.

Entonces, ¿cómo puedes saber si eres plutónico?

Bueno, si te sientes identificado con la historia anterior.

O si tienes tu Sol, tu Luna o tu ascendente en Escorpión, ya que Plutón gobierna sobre los anteriores. O si tienes a Plutón haciendo ángulo fuerte con éstos o cualquier otro punto. O si tienes un montón de planetas en la casa de Escorpión, número ocho.

O sea, puedes ser un Piscis o un Géminis que actúa como un Escorpión simplemente porque Plutón está sobre tu horizonte o cuadra en Sol.

Incluso si no sabes absolutamente nada de astrología, si te han preguntado alguna vez: "¿Por qué eres tan intenso?",

"¿Tienes que obsesionarte así?" o "¿Siempre eres así de maniaco?", muy seguramente eres plutónico.

Por suerte, los que somos plutónicos por lo general nos encontramos uno al otro en nuestra persistente búsqueda de profundidad y transformación. (Algo muy bueno, ya que los demás pueden considerarnos un poco, digamos, inquietantes.)

Quizá seas también plutónico si no inspiras neutralidad. O les caes muy bien a las personas, o te odian.

O si tienes una mirada de rayos X que penetra hasta el fondo de... cualquier cosa.

O si eres algún tipo de bicho raro sentimental. Al estar regida por el planeta de la muerte y el renacimiento, por las diosas Kali y Durga, la gente plutónica por lo general busca trascendencia espiritual, sexual, intelectual, creativa o de cualquier otra bendita o maldita forma imaginable.

Si los plutónicos toman el camino más bajo, pueden verse involucrados en luchas de poder, manipulaciones y un montón de resentimientos. Pero si ese camino es abandonado, aparecen caminos más elevados.

Si toman el más alto, este viaje puede brindar iluminación espiritual, un despertar a la naturaleza propia y una aniquilación de cualquier vínculo con el pequeño yo. Plutón puede ayudar a que uno se libere de la cárcel del ego.

Entonces, ¿te sientes identificado?

¿Eres plutónico?

Definitivamente lo sabrás.

La Octava Superior

Si no sabes, no puedes equivocarte.

LOUIS ARMSTRONG

Estoy disponible para lo que sea que quiera acontecer en este momento, incluyendo todo aquello que es imposible imaginar.

P. LOWE

El otro día una amiga adolescente estaba hablando de cómo todos sus problemas actuales están causados por su signo.

"Tú eres astróloga", me dijo, "así que tú sabes que los escorpiones somos envidiosos, ¿verdad? Somos controladores, vengativos y despiadados. Sencillamente así somos. Queremos lo que queremos".

"Por Dios, pequeña", le dije, riéndome mientras la abrazaba cariñosamente. "¿Qué pésimos libros de astrología has estado leyendo? Estás describiendo sólo las peores partes del signo. Como uno de esos llaveritos de Plutón que encuentras en uno de esos contenedores de a dólar en Walmart. Existen los Octavos Superiores, ¿sabes?"

De hecho, Escorpión toma tres formas; la más baja es la que ella describió, el *Escorpión* que pica. Pero en la medida en que el signo evoluciona y se purifica, surge la energía del Águila, que otorga claridad, visión y coraje.

Y con el tiempo, el *Fénix*, el ave mágica con el poder de renacer, surge de las cenizas. Ningún Fénix pierde el tiempo con resentimientos y venganza cuando puede estar remontando feliz y exuberante hacia el sol.

En cualquier vida, las vastas reservas de poder que todo Escorpión tiene pueden ser utilizadas para alcanzar alguna de estas expresiones más elevadas, o pueden malgastarse en castigos y venganzas.

Sin embargo, *cada* signo tiene sus frecuencias bajas y sus frecuencias altas, y *nada* en una carta astral es inherentemente malo. Todos tenemos un potencial de luz y gracia.

De hecho, la mía tiene dieciséis cuadrantes T, lo que en astrología clásica habría sido llamada "increíblemente afligida". Pero muy al principio una astróloga me dijo: "Usa sabiamente tu potencial. Todos esos cuadrantes te dan un montón de energía. O vas a ayudar mucho a las personas, o vas a volverte un poco loca".

O ambas.

De alguna manera, todos estamos aquí para expresar la música de nuestros corazones. Así que si tu música se escucha como jazz, *sé* jazz. Si se escucha como flauta shakuhachi, sé una flauta shakuhachi. Sí suena a Black Sabbath, qué diablos, encontraste este libro, ¿no? A veces pienso que en cada vida nos gusta la música que literalmente somos, que transmite nuestra muy singular naturaleza.

La astrología le otorga un prisma milagroso a la Perfección Divina de cada individuo. Es sólo después que esta perfección se desvanece, con la obsesión de la cultura en la competencia y la comparación. No es necesario que te compares con nadie.

De hecho, quizá te den escalofríos de sólo pensarlo.

Tu propio karma ya es suficiente.

La orquesta cósmica

Si sacas lo que está dentro de ti, lo que saques te salvará. Si no sacas lo que está dentro de ti, lo que no saques te destruirá.

EVANGELIO DE SANTO TOMÁS

Nadie podrá darte lo que no estés dispuesto a recibir.

ANÓNIMO

La astrología nos muestra la belleza y los dones especiales de cada alma, pero nadie es solamente su signo de Sol. Dado que la Luna y los signos ascendentes son tan importantes como el Sol, la mayoría de nosotros somos un mescolanza compleja.

Por eso cuando lees un libro de astrología general que da características de tu "signo", puede ser que no encaje para nada contigo. Yo soy Capricornio, pero al tener a la Luna, a Mercurio y a Venus en el iconoclasta Acuario, realmente no me comporto como tal. Siempre que leo las descripciones de Capricornio como alguien serio, formal, sombrío y ambicioso, me tengo que reír. Por otro lado, mi amigo Ed encaja muy bien con el estereotipo saturnino, pero él no tiene otros signos opuestos.

También me encanta cómo las cartas astrales trascienden el género. Todavía nos rodean muchas tonterías culturales sobre cómo *deben ser* los hombres y cómo *deben ser* las mujeres, pero a la astrología le da igual. Todos somos una mezcla de masculinidad y feminidad que depende de la carta de cada quien, no de su género o incluso de su sexualidad.

Mi hermano más joven es un Cáncer nacido en el año chino del Jabalí, con una vena muy doméstica. Para la felicidad de su esposa, al tipo le encanta cocinar, limpiar y criar a su prole cuando no está trabajando. Apenas puedo imaginarme cómo se ha de sentir ser así.

❁

Hablé con Teresa, una clienta frecuente que es una verdadera reina guerrera. Nació con Marte sentado justo en el horizonte de Aries, junto con la Luna de Aries: puro y concentrado poder Yang. Se le ha acusado repetidamente de "publicidad engañosa", cuando sus pretendientes descubren el acero bajo sus curvas y su maquillaje. Sin mucho éxito, ha intentado seguir los consejos simplistas de libros como *Los hombres son de Marte*, en los que le recomiendan ser sumisa y femenina.

Yo le dije: "Mira, *cada* carta astral encaja con alguna otra. Ve y busca a alguien que *busque* una tigresa. Créeme, te aseguro que está allá afuera. Te lo juro".

Finalmente decidió dejar de reprimir su naturaleza.

Yo me quedé mucho más tranquila. Digo, ¿por qué un tigre, sin importar su *género*, intentaría comportarse como un conejito?

Actualmente está con un Tauro que tiene mucho Aries en él. Le dijo que haber encontrado a alguien brillante y fuerte como Teresa era como ganarse la lotería.

Se apoderó de toda la fuerza de su carta e inmediatamente atrajo a alguien que estaba profundamente agradecido por ello.

CAPÍTULO 15
En verdad, sé quien eres

¿Para qué molestarse con competir?

Todos somos ganadores, ¿sabes?
CRYSTAL BOWERSOX

Nunca quise ser la mejor. Solamente quería ser la mejor versión de mí.
LILY TOMLIN

Extraño. Quizá se deba al Mercurio retrógrado. Mi bandeja de entrada estuvo toda la semana llena de correos de tres personas diferentes fastidiándome para que ayudara a que sus amigos se volvieran "El autor espiritual del año" en un loco concurso en internet.

Les respondí que había tantas cosas mal con esa idea, que apenas sabía por dónde comenzar a explicarles.

O sea, ¿un *concurso* de libros espirituales? ¿Al igual que en esas competencias mundiales de yoga en las que las personas se apelotonan para ver quién puede hacer más parados de mano o respiraciones alternas de nariz en una hora?

Hablando de contradicciones.

Recuerdo un Año Nuevo en el que mis amigos de Monkey Yoga, en Oakland, tuvieron una actividad. La persona que durara más tiempo haciendo un arco se ganaba un chango de peluche o una harapienta toalla usada o algo. Pero eso era una *broma*.

Así que cuando recibí estos correos pensé: está bien, sé que vivimos en una cultura en la que la escasez y la competencia están instauradas en lo más profundo de nosotros. Pero, ¿acaso un *libro espiritual* genuino no aspiraría a más?

O sea, ¿por qué quedarse encerrados en el viejo paradigma de la competencia despiadada que ha llevado al mundo al borde de la extinción?

¿Y por qué siquiera necesitar de uno *mejor*? ¿Realmente se necesita un combate de lucha entre el Bhagavad Gita y la Biblia? ¿O entre el Ramayana y el Corán?

Compra aquí tus boletos.

Después de todo, esta visión de la vida como una agitada pelea con perdedores y ganadores es terriblemente limitada. Al ser Dios nuestra Fuente, lo bueno de alguien más *nunca* puede quitarte lo que tú tienes de bueno. Con un poco de enfoque, puedes aprovechar el Flujo Divino en cualquier momento; lo que está destinado a suceder eventualmente sucederá. Y si escribes un libro desde una vibración particular y pura, aquel que necesite llegar a él, *llegará*, de una forma u otra. No hay necesidad de competir.

Y en cualquier caso, ¿no puede el éxito de una persona en realidad reforzar el de otra?

¿Por qué diablos no?

Rechazar el rechazo

No existe el rechazo. Sus cartas astrales o encajan, o no. O hay karma, o no hay karma.

Preocúpate por lo que otros piensen de ti y siempre serás su prisionero.

LAO TZU

Para mí, cada carta astrológica es como una pieza musical. Toda persona con la que uno se lleve bien tiene una vibra complementaria. Una canción armónica está sonando en cada una de nuestras almas.

Cuando uno sabe eso, nunca más tiene que creer en el rechazo. Nadie puede rechazarte o "botarte". Las personas que combinan contigo, de alguna u otra forma, llegarán a tu vida. Las que no, se irán.

Pienso que mi propia carta se orilla hacia el loco lado de Urano en el que lo más *funky* de lo *funky* se enrolla con Mozart, el rock and roll y algunos *bhajans* hindúes hip-hoperos. A aquellos que les gustan las paradojas y las contradicciones, por lo general me encuentran; algunos otros me encuentran y corren.

Diane, una amiga, había apenas empezado a dar clases en la Universidad de San Francisco; acababa de recibir su primera evaluación y estaba muy afectada. Aunque cuarenta comentarios eran entusiastas, uno le pegó tan profundamente que juró nunca volver a enseñar. El tipo decía que "probablemente su clase había sido la mayor pérdida de tiempo que había tenido en toda esta encarnación".

"Vaya", me reí, "tienes que admirar su dramatismo. ¿Tu clase fue peor que todas sus clases de la preparatoria? ¿Peor que el juicio de destitución de Clinton? ¿Peor que *Spider-Man 3*?

"Y de igual manera, quizá la clase *sí* fue para él una pérdida de tiempo. Quizá nada iba hacerlo feliz. O a lo mejor su carta no coincidía en nada con la tuya. Puede ser que te haya odiado desde que entró el primer día por la puerta. Eso a veces pasa.

"Además", proseguí, "si a todos les caes bien, quizá estés jugando desde una posición *demasiado* cómoda. Si eres real, al menos a alguien tienes que caerle mal. Un poco de crítica puede a veces ser una *muy buena* señal".

Yo no soy una señora

Cariño, nací así.

LADY GAGA

No voy a morir por haber fracasado siendo alguien más. Prefiero triunfar siendo yo.

MARGARET CHO

El otro día iba paseando por Haight Street cuando me detuvo un tipo de veintitantos con largas rastas rubias, que pedía donaciones para Greenpeace.

"¿Señora…", se atrevió a decir. "Quiere ayudar a las ballenas?" Le disparé un tajante "No" y seguí caminando.

Luego me dio culpa y me regresé.

"Escucha", le dije, tan amablemente como pude, "si quieres conseguir más dinero, ¿no deberías mejor saludar de otra forma? Ninguna mujer en este vecindario te va a querer dar dinero si nos llamas así".

"Vaya", dijo él, con curiosidad. "No quise ofenderla. Pero es verdad. Sólo los hombres me han dado dinero", y sonriendo, prosiguió. "Y una mujer sí me dijo que la próxima vez que le dijera eso me daría una patada en el trasero".

"¿Qué?", me reí. "¿Y lo *sigues* diciendo?"

"Bueno, es que no me sé ninguna otra manera de dirigirme a una mujer mayor. ¿Usted sí?"

"¿Sabes?, un "señorita" multiusos es suficiente. Incluso con un 'oiga' puedes sonar muy amable". Sonreí y le di unos billetes.

❀

¿Sabes? hace tiempo que le he dado vueltas a este asunto de la "señora". No aspiro a verme joven, porque eso sería una tontería; simplemente me veo como *yo misma*. Tengo más de cuarenta años; sin embargo, siempre he poseído cierta estética personal: un poco de rock and roll, algo de punk y un poco de glamour a lo asiático, entre femenino y *queer*, y no creo que se haya modificado. Con cuatro planetas en Acuario, soy igual de bohemia y artística que hace treinta años cuando partí hacia el oeste.

Llevo un corte de cabello medio punk, pintado con henna roja, y por lo general visto *jeans* ajustados, playeras y joyería de plata. Una sólida práctica de yoga me tiene (algunas partes de mí) en mejor forma que a los veinticinco años, cuando fumaba Camel sin filtro y mi práctica espiritual era beber margaritas.

¿Cómo podría yo identificarme con una "señora"?

El mundo está lleno de mujeres como yo, heterosexuales, homosexuales, bisexuales, de todo tipo. Y todas las que conozco odian este pedante término. Quizá sea por aquella locura que dice que las mujeres expiran como botes de leche.

O quizá es el simple sexismo del lenguaje. Mientras se les dice "señor" a todos los hombres, con las mujeres depende de la edad. El "señorita" se aplica hasta que se llega a un difuso cruce de caminos en el que una es orientada hacia el deshuesadero epistemológico del "señora".

Extrañamente, no me molestan los títulos para mujeres de más edad o más jóvenes cuando voy a otros países. En India, el *madame* se escucha elegante y cautivador. En francés suena como un sensual mensaje verbal. Puedo incluso pasármela bien en México con uno o dos *señora*.

Entonces, ¿qué tendrá el *ma'am*, o "señora" en inglés? ¿Será sólo que suena un poco como mamografía? Dentaduras postizas y revistas de viejitas dan vueltas en mi cabeza.

¿O es porque crecí venerando a Tina Turner y a Chrissie Hynde? O sea, ¿ellas podrían algún día ser consideradas *ma'ams*? O ¿Joan Jett? ¿Ellen? ¿Amy Tan?

Sin embargo, la cultura todavía utiliza esta palabra como un prendedor de flores marchitas para adornar a las mujeres.

Pero quizá el logro espiritual definitivo sea cuando el "señora" deje de importarme. Después de todo, ¿a quién se están refiriendo? ¿Y a quién le importa? Aun así, ¿no sería chévere que nos llamaran algo así como Vórtice Eterno o Alegría Excéntrica?

O, francamente, ¿que no nos llamaran de ninguna forma?

Un mundo sin ti

Debes estar en este mundo, pero no debes pertenecerle.

JESÚS DE NAZARET

Nunca ha habido un tiempo en el que tú y yo no hayamos existido, ni habrá un tiempo en el que dejemos de existir. Por ello, representa el papel que ha sido en este momento designado para ti.

BHAGAVAD GITA

Cada práctica de yoga termina con un *shavasana*, la postura del cadáver. Laura, una de mis maestras, siempre dice que es la postura más avanzada de todas, pues implica un desapego total de este mundo, soltando el espíritu y la mente.

El otro día en su clase estábamos entrando en *shavasana* igual que en cada clase, acostadas boca arriba, ojos cerrados, palmas hacia el cielo. Podía escuchar el zumbido del tráfico de Oakland. Pasaba cerca una ambulancia. Por unos instantes se escuchó algo de hip-hop, que después se desvaneció. De la panadería en el piso de abajo subía el olor a pan recién horneado.

Mientras nos íbamos relajando más y más, Laura decía: "Imagina que ya no estás en este planeta. E imagina que el mundo sigue girando sin ti. Todo está bien".

Yo ya había tenido una experiencia parecida cuando estuve enferma en los años ochenta. Sin poder trabajar, ni caminar, o incluso ni pensar claramente, estaba muerta sin haber dejado completamente el mundo.

Aunque finalmente me recuperé, la experiencia cambió por completo mi ser.

Antes, como una verdadera Capricornio con cuatro cuadrantes en Saturno, pensaba que el trabajo era mi razón de existir. De hecho, fue mi agotamiento lo que causó todo el desastre. Tenía una necesidad enorme de ser aceptada, respetada y sobre todo, de ser tomada en cuenta, por lo que trabajaba día y noche.

Sin embargo, una vez que se dio mi colapso, me di cuenta, sorprendida, de que el mundo continuaba como siempre. Cuando me recuperé, en 1990, estaba transformada. *Nada* importaba como antes. El ver qué tan fácilmente podía ser reemplazada y olvidada fue una revelación que resultó ser un extraño regalo.

Una vez vuelta del inframundo, no podía creer en mi increíble buena suerte por poder simplemente comer un plato de sopa de coco en un café thai o por caminar en una playa mientras sopla el viento.

El asombro nunca desapareció.

Es bueno estar conscientes tanto de lo que nos hace
   únicos,
como de que somos prescindibles.
Sólo entonces puedes soltar y acoger el todo.
Puedes representar tu papel en esta absurda y bellísima
   historia
con completo abandono.
Puedes ser un copo de nieve derritiéndose, una hoja que
   cae
o como un hada que baila en un estanque.
Y si tocas algún corazón con lo que haces
durante el breve tiempo que aquí pasas,
eso será suficiente.

CAPÍTULO 16
Sé lo que el mundo necesita

Terapia de odio

El problema no fueron nuestros tortura-
dores sino que comenzáramos a odiar-
les. Entonces sí estábamos perdidos.

THICH NHAT HANH

Estaba sentada en un café de Tribeca cuando un tipo entró, me vio y se acercó a mí.

"Vaya, vaya, vaya, Gloria", comenzó, su voz temblando de ira. "Mira a quién me encuentro por aquí. *Sabía* que tarde o temprano te cruzarías por mi camino. ¿Y qué demonios pensaste que pasaría cuando recibiera esa notificación de tu estúpido abogado? ¿Pensaste que ese imbécil podría sacarme más lana?"

Continuó hablando así, en voz alta, durante algunos obscenos minutos, mientras la escritora en mí lo miraba pensando: "¡Dios, cómo extraño Nueva York!"

Al poco tiempo, las personas de las mesas cercanas ya estaban escuchando y viendo la escena mientras yo silenciosamente me quité los lentes de sol para revelar que no, en realidad no era yo la tan odiada ex mujer del tipo.

Sólo una muy, muy parecida reencarnación.

Se sorprendió tanto que casi sale de un brinco por la puerta.

"Dios mío, incluso te vistes igual que ella", balbuceó mientras salía avergonzado. "Incluso usan el mismo tipo de sandalias Mephisto. Oiga, perdone, señora. De verdad que lo siento".

Este tipo me dio una gran lección. Había sido casi divertido, ya que su despotricar no tenía que ver "conmigo". No había sido nada personal.

Pero, ¿no era demasiada su ira? A veces hay gente que, sin saberlo, en el fondo está gritando por aquella vez que los dejaron solos en el carrito de supermercado cuando tenían tres años.

En una ocasión sentí "odio a primera vista" por otro tipo en un grupo espiritual al que yo pertenecía. No sé cómo, pero desde el minuto en que lo vi, lo odié. Una noche me propuse rezar por el pobre hombre, pensando que tal vez él lo necesitaría. No parecía ser la persona más feliz. Bueno, no tenía nada que perder. Encendí una vela verde y comencé a enviarle amor y alegría casi cada noche.

Como un mes después se me acercó con cautela. Medio gruñendo, me dijo: "Oye, debo decirte que solías caerme pésimo. Y *ahora* me vuelve loco que ya *no*. No tengo ni idea de qué diablos estés haciendo, pero ya no te odio". Y se fue caminando.

Nunca volvimos a cruzar palabra, pero con eso bastaba.

A veces las personas que más ira tienen son las que más ayuda necesitan. *Nunca sabes lo que pueden ayudar unas oraciones.* Quizá seas la única persona del planeta que está mandándole buenas vibras.

Nunca sabes.

Para atrapar a un ladrón

*Una vez establecido en el no robar, se
obtiene la prosperidad.*

PATANJALI YOGA—UTRAS, II:37

He escrito mucho sobre la Fuente Divina, el conocimiento de que todo bien y toda prosperidad surgen de Dios, no de una persona o un trabajo individual. Una vez que hayas aprendido a abrir esta Fuente, confías en que lo que está destinado para ti llegará de una forma orgánica. Es algo que se aprende fácilmente.

Una reconocida escritora me llamó en una ocasión para que le hiciera una lectura. Me dijo que me había escogido cuando supo por alguien más que a mí no me impresionaba mucho la fama. Admití que con cuatro planetas en Acuario, de mentalidad igualitaria, eso era bastante cierto.

Para mí todos son una carta astral, una colorida expresión de Dios en un baile de máscaras, todos disfrazados pretendiendo que somos humanos. Quizá sea sólo lo que ocurre después de haber realizado millones de lecturas. En todo caso, he visto de cerca que el dinero y el poder por sí mismos traen poca alegría, diga lo que diga nuestra loca cultura.

Bueno, la escritora llamaba para confesarse. Aunque se había vuelto millonaria con sus libros, en el fondo ella sabía que todo lo había plagiado de un humilde libro que un desconocido había publicado por sí mismo muchos años antes. Ella nunca había buscado al tipo para pedirle permiso o para reconocerle de alguna forma su trabajo.

Y aquí el giro inesperado. Mientras el autor original nunca la buscó a ella, la mujer vivía en escasez y muerta de miedo a pesar de su gran éxito. Si tenía dos casas, quería tres. Si la invitaban a un programa de entrevistas, quería que la invitaran a diez. Vivía en un estado perpetuo de avaricia, preocupación e intranquilidad como un hambriento fantasma itinerante. Su robo la había encerrado en una prisión de carencias.

Le sugerí finalmente que buscara al hombre, quién todavía vivía cerca de El Cerrito, para que pudiera redimirse y pagar lo que le debía. Se sintió aliviada al sólo pensarlo.

Su karma tenía que ser revocado para que pudiera algún día sentirse abundante, sin importar cuánto le perteneciera.

El yoguini caprichoso

Tengo una fe inquebrantable en el resultado perfecto de toda situación de mi vida, pues permito que Dios tome el control absoluto y me guíe en todas mis acciones.

CATHERINE PONDER

El pasado Día de Acción de Gracias me llamó Maura, una maestra de yoga del rumbo. Estaba aterrorizada porque sus clases se estaban vaciando y ella quería saber por qué.

Mientras hablábamos, empezó a ser evidente el porqué. Maura constantemente calculaba el número de estudiantes que necesitaba para poder pagar sus cuentas. Se comparaba ansiosa con todos los demás maestros, y mantenía en su mente una imagen de un grupo de posibles clases privadas que iba disminuyendo a medida que disminuía el dinero en la economía actual. Cada vez más asustada, intentaba manipular y acorralar a nuevas personas para que le pagaran sus gastos; y cuando las personas sentían que quería atraparlas, obviamente huían.

En pocas palabras, estaba en un gran problema. Había convertido a cada posible alumno en su Fuente.

Pero existe otra manera por completo distinta.

"¿Y si te consideraras afortunada por tener un trabajo que ayuda a quitar el sufrimiento?", le pregunté. "¿Y si tus 'ganancias' le pertenecieran a Dios, y tu papel fuera servir de la manera más amorosa posible?"

"O sea, ¿que dé mis clases gratis?", preguntó burlonamente. "¿Y qué hago con mis gastos?"

"No, no. Puedes cobrar", continué, "pero si mueves tu energía *fuera* de tus chakras más instintivos de supervivencia y la mueves más hacia tu corazón, va a suceder un milagro. Si piensas que lo Divino es tu Fuente, el dinero llegará del lugar que Él decida. Puedes aplicar esto a cualquier forma de ganarse la vida, pero ¡te dedicas a enseñar yoga! ¿Cómo es posible que saques a Dios de la ecuación?"

"De cualquier forma", proseguí, "no hay tal cosa como la competencia. Tú atraes a las personas por tu propia naturaleza. Las personas que se sienten atraídas a tu energía siempre podrán encontrarte. No tienes que preocuparte aunque haya un estudio de yoga en cada cuadra".

Maura hizo cara: "Pues en Berkeley realmente *hay* uno en cada esquina".

"Sí, pero nadie más es TÚ".

Así que las siguientes semanas rezó:

Estoy ahora disponible para recibir a cualquiera que pueda beneficiarse con mi enseñanza. Que les sea

*permitido a quienes me necesiten, encontrarme. Que
me sea permitido aliviar su sufrimiento. Lo Divino es mi
Fuente para toda prosperidad y siempre me proveerá.*

En la medida en que fue soltando su ansiedad, sus clases comenzaron a llenarse de nuevo, y comenzó también a dar clases gratuitas para quienes no podían pagar.

Recordó la razón por la que en un principio había decidido ser maestra de yoga.

¿Por qué complacer a los demás?

Suelta el lazo de la opinión pública.

LORI ANDERS

El único pecado es poseer conocimiento que puede servirles a otros, y no compartirlo.

ANÓNIMO

Desde hace años le hago lecturas a Sosa. Vive en Montana, alejada del mundo del arte urbano. Hace poco tuvo su primera exhibición en Los Ángeles, y de la noche a la mañana las personas le estaban pidiendo más. De pronto, con el internet, se dio cuenta de cómo su obra podía viajar por el mundo.

También tiene una carta astral épica con un prominente Plutón, el planeta de la muerte y el renacimiento, por lo que levanta polvo en cualquier lugar en que ella está. Su energía es tan poderosa que cambia una habitación al momento de entrar en ella.

Nada de esto importaría si no tuviera tres planetas en Libra, signo sensible, los cuales caen mortificados cada vez que ella obtiene el menor destello de desagrado.

Me llamó porque se sentía incómoda promoviéndose en internet. Yo la entiendo bien. Prefiero que me hagan dos endodoncias en un día que promoverme como muchos comerciantes recomiendan. Todo eso me da dolor de estómago.

Pero existe otra forma de hacerlo.

Si confías en que posees algo valioso que ofrecer, quieres decírselo a las personas como un acto de amor. De hecho, si tú posees algo que pueda hacerles bien, hasta podría considerarse un acto egoísta *no* compartirlo.

El otro día tuve una visión destellante del alma de Sosa llena de intensos y brillantes colores, como las tonalidades de México o de Sudamérica a donde ella viaja mucho. Un turquesa, un fucsia, un morado y un dorado brillantes; pero siempre aparece su precavida Libra, silenciando siempre todo, intentando crear suaves colores pasteles, delicados e inofensivos.

Sin embargo, esta chica no es para nada un color pastel.

Las obras de Sosa realmente penetran en lo más profundo de la gente, pero ella expresa una falsa e inútil modestia que le impide al mundo conocerla. Le sugerí que abriera su sitio web, que hiciera algunos contactos por la red y dejara su barco partir.

Podía decir:

> *Llamo al Orden Divino a mi trabajo. En el momento correcto, de la manera adecuada, deja que mi ofrenda esté disponible para el bien de todos, para todos aquellos que necesiten ser guiados hacia mí y a conocerme.*

Si se centraba en su corazón y utilizaba al Orden Divino para atraer e invitar a todos aquellos que la necesitaran, seguramente aparecerían.

Existen cartas astrales prudentes y encantadoras, como pequeñas macetas de barro con perfectas violetas en la cornisa de una ventana soleada; pero la energía de Sosa estaba *destinada* a ser más grande que la vida misma, una extravagante y temeraria ave del paraíso volando hacia el sol.

Y cuando se adueñe de su energía, la tierra misma respirará un largo y profundo suspiro de… alivio.

Algo sucede cuando te alineas con lo Divino.

> *Comienzas a sentir a un nivel celular*
> *que las cosas se están desplegando exactamente*
> *de la forma correcta.*
> *A la velocidad y al tiempo que necesitan.*
> *Empiezas a confiar en el proceso.*
> *Te relajas de estar siempre empujando*
> *pues así hemos aprendido desde que nacimos.*
> *A un nivel fundamental y misterioso,*
> *simplemente sueltas.*
> *No con ese rencor que la gente siente*

cuando temen que los sueños (del ego) no ocurran.
No con pasividad,
ya que sí se muestran las acciones correctas.
Más bien logras relajarte en la tranquila curiosidad
que se pregunta: ¿Hacia dónde irá el flujo?
Estás al mismo tiempo interesado e indiferente
en el desdoblarse de la historia.
Te sientes espaciosamente receptivo
y abierto a todo lo que desea llegar.

Le das lugar a todo para que florezca.
Confías en que lo mejor,
de una u otra forma,
finalmente va a acontecer.

Vives con la certeza de que con Dios como tu Fuente
No necesitas asirte a plan alguno
ni a una lista de deseos,
presionando todavía más al plan secreto del ego.
Cuando vives ciclos de silencio y de espera,
recuperas el aliento
pues sabes que la rueda comenzará a girar de nuevo.
Descansas porque en la medida en que se vayan
      revelando
las acciones correctas
tendrás mucho que hacer.
Espera los signos y el momento indicado
en vez de rasgar antes el capullo.

Confía en que los retrasos serán bienvenidos.
Confía en que los retrasos serán buenos.
Confía en que los retrasos serán perfectos.
Y mantente presente
para ser testigo
de tu propio nacimiento.

AGRADECIMIENTOS

No tenía ni idea de las aventuras (y los retos) que se presentarían en mi vida al convertir mis columnas de SFExaminer.com en un libro. Por suerte, lo Divino me mandó más ayuda de la que hubiera podido imaginar. Este libro simplemente no existiría sin la participación de algunas personas.

Alice Turkel fue mi firme compañera telefónica, mi álter ego Capricornio, mi editora, consejera, sanadora y porrista itinerante. Le tocó remolcar tantas veces este coche fuera de la nieve que nunca podré agradecerle lo suficiente. Es mi querida amiga y hermana.

La doctora Christiane Northrup es el ángel de la guarda de este libro de más formas que las que yo puedo mencionar aquí. Una verdadera alma gemela kaliquesca.

La doctora Lissa Rankin cambió mi vida en el momento en que nos conocimos y me siento afortunada de ser su amiga. Su valentía, inteligencia y hermoso corazón son mi inspiración cada día. Nunca seré tan rápida como ella en las caminatas, sin importar lo mucho que lo intente.

Matthew Klein llegó como respuesta a oraciones tan profundas que ni siquiera sabía que las había hecho. Resultó ser el mánager perfecto y la perfecta guía para mi trabajo. Cada día agradezco su generosidad, su visión y su ingenio increíblemente rápido.

Y gracias, Johanna Castillo, mi editora en Atria Books, por "captar" la esencia de este libro desde nuestra primera conversación telefónica. Llegaste el día del cumpleaños de mi madre, y sé que fue ella quien te envió. Eres un auténtico regalo.

Stephanie Tade ha sido la mejor agente que pude haber imaginado. Es bondadosa, espiritual y una magnífica mujer de negocios. Todo al mismo tiempo.

Heather Mahan ha sido mi más afortunada asistente, vecina y más extraordinaria Diosa Gato, además de que me hace reír casi todos los días.

Cheela "Rome" Smith, *drag king* y *artiste extraordinaire*, hizo la fantástica portada y me hizo reír. Constantemente.

Donna Insalaco tomó la foto de la solapa con su combinación de generosidad y rudo y creativo fuego italiano-neoyorquino.

Celeste Gray, de Carolina del Norte, fue una perspicaz editora que me ayudó a finalizar la estructura del libro para la primera edición.

Michael Fantasia llegó, gracias a Dios, con las fabulosas habilidades para convertir a la edición original de *Ábrete a lo inesperado* en un libro real.

Sarah Buscho ha sido mi amada hermana pequeña, tomándome de la mano durante todo tipo de retos.

Kaiel Kaliber no sólo ha sido un gran apoyo; también ha sido la muchacha del sake en cada fiesta que hubo para el libro.

Un enorme agradecimiento también a la tribu de Facebook que surgió en mi página de autora cuando *Ábrete a lo inesperado* se publicó. Su amor, su apoyo y sus chistes realmente me han sostenido. He pasado casi cada mañana de los últimos tres años escribiendo con ellos. Los quiero a todos.

Por último, gracias a mi hermano, Michael, quien alguna vez dijo: "Siempre supe que eras una escritora. Sólo me preguntaba si tú ibas a ser la última en darte cuenta de eso".

Y al San Francisco Examiner por hacer que lo descubriera.

Y a Florence Scovel Shinn por haber sido la que comenzó la fiesta.

Y a Nisargadatta Maharaj, Bhagawan Nityananda y Adyashanti por ayudarme a mantener los pies en la tierra.

Y sobre todo, me inclino en total gratitud al Poder Divino y Sagrado que da vida a Todo, la Suprema Shakti Ella misma, quien me encanta, cautiva y seduce infinitamente.

Soy Suya.

Diez preguntas de los lectores sobre
Ábrete a lo inesperado

1. Me encantó el título*. ¿Cómo surgió?

Voy a relatar una historia real. En 2011, el libro originalmente se iba a llamar "Escandaloso optimismo". Pero dos días antes de publicarlo por mi cuenta, descubrí que ya existía otro libro con ese título.

Dejé de lado el pánico e hice exactamente lo que *Ábrete a lo inesperado* me recomendaría. Hablé con lo Divino diciendo que el nombre perfecto ya había sido elegido y surgiría de la manera adecuada. Sentí una cálida tranquilidad dentro de mí. Más tarde ese día, decidí ir a hacerme pedicura. Por alguna extraña razón, sabía que ahí encontraría una señal.

Mientras escogía el color en el salón de belleza, me llamó la atención un turquesa brillante llamado "Ábrete" (*Be open*). ¡Y así fue!

*N. del T. El título original es *Outrageous Openness*, que podría traducirse como "Escandalosa apertura" u "Osada apertura". Decidí traducirlo como *Ábrete a lo inesperado*, pues se escucha menos forzado y más armónico con lo que el libro desea transmitir.

Esto comprueba que lo Divino puede incluso utilizar una casual visita al pedicurista, o cualquier otra experiencia, para darte la respuesta correcta. Lo Divino simplemente quiere ser tomando en cuenta.

2. ¿En qué se distingue lo que tú propones de lo que propone la Ley de Atracción y Manifestación?

Es un enfoque muy diferente, aunque hay partes de la Ley de Atracción que están incluidas en *Ábrete a lo inesperado*. Por ejemplo, nuestros pensamientos sí impactan en la realidad. Si constantemente tienes pensamientos negativos o de miedo, inevitablemente vas a atraer ese tipo de experiencias. Mantener una vibra elevada es parte esencial de este libro.

En mi opinión, enfocarse en manifestar es limitado y agotador, pues deja a Dios fuera. Por lo general implica una lista de compras de lo que el ego quiere "obtener del universo".

Por su misma naturaleza, esto es profundamente limitado. Una amiga incluso escribió alguna vez un divertido cuento que se llamaba "Ahora que ya lo manifesté, ¿cómo me DESHAGO de ello?" ¡No todos los deseos son para nuestro supremo bien!

Ábrete a lo inesperado habla de crear una intimidad con lo Divino. Dado que esta fuerza de Amor conoce por completo nuestro corazón y nuestra alma, nuestros más profundos deseos se realizan de maneras sorpresivas cuando aprendemos a alinearnos con ella. A mí siempre me gusta decir: "Yo por mí misma no manifiesto nada. En realidad no tengo ningún interés. Prefiero ver cómo actúa Dios a través de mí". En *Ábrete a lo inesperado*, aprenderás cómo ofrecer tus problemas a lo Divino y a *hacerte a un lado* para que lo que está destinado a suceder, pueda suceder.

Podrás dejar de manipular la realidad y permitir que el bien pase a través de ti. Podrás permitir que esta Fuerza de Amor te *use*. Entre más pidas ser un vehículo de la fuerza suprema, más lo serás.

3. Me gustó mucho tu libro pero yo estoy muy enfocado en la creación conjunta. Yo le digo a Dios lo que quiero y trabajamos juntos para obtenerlo. ¿Cómo es eso diferente?

Después de haber trabajado con miles de personas a lo largo de los años, me he dado cuenta de que la mayoría de la gente entiende las creaciones conjuntas como decirle a Dios cómo obtener lo que (su ego) quiere. Yo quiero que esta Fuerza de Amor me use a mí, no a la inversa. No es que los deseos desaparezcan, pero se vuelven preferencias que ofreces. Esto es muy distinto a *usar* a Dios en servicio del ego.

Si yo necesito algo específico, diré: "La respuesta perfecta ha sido ya elegida y me será mostrada de la forma y en el momento correctos según la voluntad de Dios". Así, también queda un lugar para que el Amor Divino diga: "¡No, tú no necesitas eso ahora!" Porque es de eso de lo que se trata cuando dejamos que nos guíe el Amor. Dar, dar y dar.

4. Si no le digo a Dios lo que necesito, ¿cómo lo sabrá? ¿No es necesario hacer tableros de visión específicos para que el Universo no se confunda?

¡Dios te hizo! ¿Estás bromeando? Ahora que ésta es mi forma de vida, siempre me sorprendo de cómo lo Divino trae incluso las cosas más pequeñas que yo ni siquiera sabía que *necesitaba* o *quería*, hasta que me llegan. Y siempre pienso: "¡Santo cielo, *¿pero cómo lo supiste?*"

5. ¿No quieres que tus deseos se vuelvan realidad?

Quiero que se vuelva realidad lo que Dios desea para mí. Mis propios deseos, en especial cuando estaba en mis veintes y treintas, creaban sólo un rastro de escombros y sufrimientos. Existe una razón para que los programas de los doce pasos hablen de "desenfrenada obstinación". Yo era la niña de ese póster.

Ofrecer tus deseos a lo Divino les permite ser realizados, pospuestos o ignorados. Los deseos y sueños, entonces, se convierten en preferencias. Dejas verdaderamente de ser un esclavo de tus obsesiones. Las cosas a menudo llegan en formas que jamás imaginaste, porque tu desapego realmente ha dejado espacio para que el Plan Superior surja. Y esto trae felicidad pura y simple.

6. Bueno, pienso que Dios ayuda a aquellos que se ayudan a sí mismos. Dejarte guiar por lo Divino, ¿no implica quedarse en la pasividad sin hacer nada?

Me preguntan esto tan a menudo que en una ocasión escribí una entrada de blog llamada "¿Por qué el dejar que lo Divino te guíe no tiene NADA que ver con no hacer nada?" Porque nuestra cultura es por naturaleza tan dualista, que se enfoca o en "hacerlo suceder" o en "ser pasivo"; pero confiar en Dios no tiene que ver ni con lo uno ni con lo otro. Dejar que lo Divino te guíe implica ofrecer tus problemas (¡incluida toda tu vida!) y luego permitir que las acciones correctas surjan en el momento correcto. Empiezas a saber cuándo esperar... y cuándo actuar. Todo se vuelve orgánico. Dejas de perder tu tiempo haciendo algo que todavía no ha madurado por completo. Aprendes a guiarte con las luces verdes. Aprendes a esperar. Cuanto más incluyas en esta perspectiva, más fácil se vuelve. *Ábrete a lo inesperado* describe minuciosamente cómo lograrlo.

7. ¿Qué le dirías a alguien que de entrada no crea que exista algo Divino?

He recibido miles de cartas durante los últimos dos años desde que salió por primera vez *Ábrete a lo inesperado*, y algunas de mis favoritas son de ateos o agnósticos. Realmente no tienes que creer en ninguna idea convencional de Dios para que estas ideas den frutos. Muchas personas decepcionadas por las religiones tradicionales volvieron a encontrar armonía con una fuerza más poderosa que el ego gracias a este libro.

Incluso si sólo te resuena la idea del "Amor" o "La Fuerza que permite al pájaro volar", es suficiente. Puedes practicar ofrecer a esa idea. También puedes ofrecer a tu más sabio Ser. Funciona. ¿Por qué no al menos hacer el experimento e intentarlo?

8. ¿Cómo es más sencillo comenzar? Estoy abrumada por la necesidad de cambio.

Existen herramientas muy sencillas. Por ejemplo, lee el capítulo 4 sobre la Caja de Dios y haz una. Es una caja en donde ofreces tus preocupaciones y tus problemas a lo Divino. Permites que la carga pase a Dios y tú te liberas de la idea de que te pertenecen "a ti". Para la mayoría de las personas, ésta es la mejor manera de comenzar.

También puedes abrir el libro en cualquier página. No tienes que leerlo completo desde el principio. Sólo pregúntale algo y ve qué te responde.

También puedes rezar: "Permite, Fuerza Divina, que me abra a lo que necesito saber ahora y a los cambios que tú deseas para mí". O crea tu propia oración. *Ábrete a lo inesperado* trata principalmente de aprender a dejar entrar la energía de la intimidad y del compromiso. No trata de seguir reglas como tantos otros libros o cursos espirituales.

9. Dejar que lo Divino te guíe, ¿significa que cada día se vuelve una fiesta total?

Definitivamente no. Yo tengo días difíciles y complicados como cualquier otra persona. La única diferencia es que yo dejo entrar a la Ayuda Divina constantemente para que me ayude durante el día. Ya se ha vuelto una segunda naturaleza para mí, y eso cambia todo. Una energía aún más grande guía todo. Por suerte, todos podemos aprender a hacer esto.

10. ¿Qué significa "*abrirse a lo inesperado*"?

Cuando soltamos las listas de compra y los planes del ego, se crea espacio para un Plan Divino más allá de las manipulaciones de la mente. Para mí, esto es lo que crea la verdadera felicidad y el verdadero despertar. Entonces la existencia se vuelve cada día una sorpresa en la medida en que se va desplegando, y literalmente podemos ser usados por el Amor como una fuerza del bien. La vida sucede a través de nosotros, más que POR nosotros. En realidad es una muy, muy poderosa forma de vivir. Y, con práctica, todos podemos acceder a ella.

Printed in the United States
By Bookmasters